中国建筑学会
建筑科普丛书

建筑科普书馆

旅途上的桥
世界桥梁建筑漫谈

白云 侯文葳 编著

本书由两位国家核心建筑期刊主编联袂撰写而成，选取了坐落在世界各地旅游热线上的32座桥梁，从建桥知识、桥梁文化和旅游文化相结合的视角，用专业知识以通俗化的手法和简洁风趣的语言，娓娓道来每座桥梁的建筑美学、结构特点、建桥历史、使用与保护现状，以及所承载的文化内涵与传承，并配以大量精美的实拍照片和手绘图片，图文并茂，通俗易懂，让读者有身临其境的现场感受，轻松愉快地领略古今桥梁之美。

本书集趣味性和知识性于一体，在普及桥梁知识和传承文化的同时，也讲述了围绕这些桥梁发生的故事传说和趣闻轶事，轻松而富有知识性。适合于对桥梁、建筑、旅游文化和历史文化感兴趣的大众读者阅读，以及作为青少年阅读的桥梁建筑科普图书。

图书在版编目（CIP）数据

旅途上的桥：世界桥梁建筑漫谈 / 白云，侯文葳编著. —北京：机械工业出版社，2022.6
（建筑科普书馆）
ISBN 978-7-111-70728-8

Ⅰ.①旅… Ⅱ.①白… ②侯… Ⅲ.①桥梁工程－建筑史－世界－普及读物 Ⅳ.①U44-091

中国版本图书馆CIP数据核字（2022）第078350号

机械工业出版社（北京市百万庄大街22号　邮政编码100037）
策划编辑：宋晓磊　　　　　　责任编辑：宋晓磊
责任校对：薄萌钰　张　薇　　封面设计：鞠　杨
责任印制：张　博　　　　　　版式设计：鞠　杨
北京利丰雅高长城印刷有限公司印刷

2022年7月第1版第1次印刷
148mm×210mm·10.5印张·209千字
标准书号：ISBN 978-7-111-70728-8
定价：89.00元

电话服务　　　网络服务
客服电话：010-88361066　　机 工 官 网：www.cmpbook.com
　　　　　010-88379833　　机 工 官 博：weibo.com/cmp1952
　　　　　010-68326294　　金　书　网：www.golden-book.com
封底无防伪标均为盗版　　　机工教育服务网：www.cmpedu.com

序

古今中外，江河湖海，山川沟壑，梁桥、拱桥、浮桥、索桥等各类桥梁星罗棋布。桥梁建筑作为建筑的一个分支，既便利了交通，亦装点了河山。有桥必有景，桥融于景，景点缀于桥，桥甚至作为地标性建筑，与地域文脉相融，与城市景观相映。桥梁建筑优美的造型越来越被人们所关注。然而，很多桥梁建筑所蕴含的精神文化内涵或背后的动人故事却鲜为人知。桥梁建筑文化的普及与传承，既可以丰富人们的精神生活，又能推进桥梁文化的创新发展。我们常常感叹桥梁建造师的智慧，其工匠精神和创新精神也为时代所呼唤。

《工业建筑》《钢结构》杂志原主编、教授级高级工程师白云和《中国铁道科学》杂志原主编、研究员侯文崴，两位女士不仅是资深的编辑，而且长期从事土木工程领域的工作，业余时间都热爱摄影和旅行。她们在结伴旅行过程中，总是以从业者的专业视角欣赏桥梁，并把自己的思考与感悟记录下来，整理成册，把每一座桥梁所记载的城市发展痕迹和当时社会的科技、文化信息展现出来，为读者认识历史、文化和科学技术的发展提供了有价值的线索。

世界桥梁建造历史悠久，人类在追求建造技术的同时，在建筑中融入了对文化和艺术的追求。很多桥梁不仅建造技艺高超，还具有极高的文化艺术价值，是美学艺术和科学技术的结合体。作者用通俗易懂的语言及细腻的笔触，配以大量精美的实拍照片和手绘图片，对每一座桥梁从建筑美学、结构特点、建造知识、建桥历史和故事、使用及保护现状、旅游文化价值等方面，向读者娓娓道来，使读者读起来有身临其境的感受。读者能轻松愉快地读懂这些建造于不同国家、不同历史年代的代表性桥梁，领略古今中外桥梁建筑艺术之美、城市景观之美及历史文化之美。

在桥梁建造史上，人类不断创新技术，建造了数不胜数、类型众多、构造别致的桥梁，创造了一个又一个伟大的奇迹。因此，桥梁建筑自带技术属性，桥梁文化是以工程科技为基本要素的建筑文化，是科技、历史、文化和艺术的高度综合。作者用通俗的语言时而剖析巧夺天工、神奇卓绝的建造技术，时而讲述桥梁建造背后一个个引人深思的故事，折射出人类与天地抗争、与命运博弈的奋斗精神以及中外桥梁建造师精益求精的工匠精神和创新精神。

本书是一本关于桥梁建筑文化的科普图书，本身就是科学与历史文化之间的桥梁，集趣味性和知识性于一体。本书在普及桥梁知识和传承历史文化的同时，融入了很多传说故事和趣闻轶事，语言风趣灵动，可读性强，配图精美，在视觉上给人一种强烈的感染力，适合对建筑文化、旅游文化和人文历史感兴趣的大众读者和青少年阅读。

两位作者于旅行、享受美景、享受人生、陶冶性情的同时，获取知识、传授知识、追求充实愉悦的精神境界，也值得赞美。

周绪红

中国工程院院士、重庆大学教授

前言

我对桥的执念来自很小的时候看过的一部南斯拉夫电影《桥》，影片非常好看，情节跌宕起伏，片中插曲《啊，朋友再见》更是被好几代人传唱，可谓是脍炙人口，经久不衰。虽然电影是战争片，但里面大桥的形象却给我留下了极其深刻的印象，以至于我长大成人后虽然没有成为桥梁工程师，但对各式各样的桥以及与桥有关的故事，总会不自觉地去关注一下。

在人类发展史上，建筑作为用石头写成的史书，几乎为人类提供了全方位的历史文化信息，是我们认识世界的重要线索。桥，作为一种富有魅力的特殊建筑，相对于同时代的建筑、园林或其他构筑物，一般具有更强的科技性，所蕴含的内容更为丰富。桥梁不仅帮助人们跨越江河沟壑，还寄托着人类沟通的梦想，"一桥飞架南北，天堑变通途""桥东桥西好杨柳，人来人去唱歌行"，古往今来与桥有关的诗词佳句数也数不清。我国著名桥梁专家茅以升先生在其文集《桥梁史话》中曾经说过：桥是科学、文化和艺术的创造，是一国文化的展览；人类造桥历史，就是社会发展的一个里程碑。所以，桥梁文化不仅反映了一个国家的科技、经济和文化的发展水平，也体现了一个民族的精神。

自古以来，与桥梁相关的工程技术一直走在时代科技发展的前列，尤其是大型桥梁，基本代表了其所在时代工程建造技术的最高水平。世界上有许多代表当时先进建造技术和设计理念的古桥留存至今，这些建造在不同年代、不同地区的桥梁建筑，其背后的设计思维以及故事，可能正体现了那个时代先进的科学技术和精神美学，记载了人类文明的传承。特别是近一个世纪以来，随着工程科技突飞猛进的发展，桥梁建设更是发生了翻天覆地的变化。

从国内到国外,从江河湖泊到山谷幽峡,从高原到大海,那一道道跨越江湖沟壑让天堑变通途的恢宏桥梁,已成为我们生活中的一道道靓丽的风景线。这些桥梁或简洁明快,或气势恢宏,各有特色和魅力,各有时代的意义。

桥梁在社会生活中的重要作用,也激发出社会大众关注和欣赏桥梁的热情。目前,全世界已经有几十座桥梁被联合国教科文组织世界遗产委员会直接或间接地列入世界文化遗产名录,如英国的铁桥峡谷、法国嘉德水道桥、西班牙塞哥维亚水道桥、捷克布拉格查理大桥、我国北京颐和园十七孔桥、意大利佛罗伦萨老桥、波黑莫斯塔尔古桥等。世界各地以当地历史名桥为载体而开展的旅游、文化艺术活动和纪念活动也非常多,使这些名桥作为桥梁建筑不仅承担着桥梁本有的交通输送功能,还是一种地标性建筑或城市的象征,成为一种文化符号或名片。

俗话说,"天上有彩虹,人间有长桥"。相对于建筑文化,桥梁文化的起步较晚且是滞后于工程实践的,一直只在一个相对狭窄的范围里传播探讨。一方面,因为桥不是一般建筑,它的高技术特性使它看起来有些高冷,所以桥梁历来被视为技术一族。对于非桥梁建设专业的普通大众来说,关于桥的认知更偏重于工程技术,因此桥梁文化不如建筑文化和建筑艺术那么普及。另一方面,一般好的桥梁都是与周围的环境融为一体呼吸与共的,所以桥梁不像其他建筑那样引人注目,再加上桥梁本身的公共属性,使人们无论是在旅途中还是在生活中,对身边的桥往往会走过、路过,却没有注意过。随着社会物质生活水平的不断提高,人们对精神生活的要求也越来越高,让桥梁文化被大众所接受和理解,可以说是目前国内应该被关注到的一个课题。这也是我们编写这本书的原因和初衷,希望在普及桥梁文化、建设文化强国的进程中,贡献一份自己的力量。

本书选取了坐落在国内外热门旅游线路上的32座桥梁,在桥梁选取上以人们在旅游中最常遇到的知名桥梁为主,并考虑涵盖不同桥式和结构体系中的代表性桥梁,入选的桥梁都各有特点和故事,并且作者都亲自去参观过,其中不少是被列入世界文化遗产名录的历史名桥。各篇章以桥梁建设时间先后为编写顺序，其中，第1、4、5、8、9、11、12、16~20、23、25~27、29~32章为白云编写，第2、3、6、7、10、13~15、21、22、24、28章为侯文葳编写。作者从桥梁建造知识、历史文化和旅游观光的视角，把桥梁文化和旅游文化结合在一起，将专业知识通俗化，配以实拍照片和手绘插图，采用图文并茂的形式，引导人们走近桥、认识桥，轻松了解桥之构造、桥之历史、桥之智慧及桥之故事，丰富精神生活并提升旅游体验。桥梁文化及桥梁艺术一定也会像建筑文化及建筑艺术一样在社会上得到普及与发展。但是，由于本书编著者水平所限，书中内容难免挂一漏万，书中缺点和错误之处，恳请读者包涵并指正。

  本书在编写过程中得到了很多同行和朋友的指导、支持和帮助，在此一并致谢！首先，编著者特别感谢中国工程院院士、重庆大学教授、钢结构专家周绪红先生在本书选题和写作过程中给予的悉心指导、鼓励和帮助，并于百忙之中为本书写序。同时，在本书编写过程中还得到了张素梅、刘伯英、李茜、陆湧、卓健骅、陈化诚、陈杰、李德荣、庄毅、李艺、张玉玲、汤筱敏、彭霞、陈丽欣、张林霞、陈雳、王燕、张雷、奇光、吕贤良、付晶华等同事朋友以及中国庆元廊桥博物馆吴婷婷馆长、工人出版社董红编辑的大力支持和帮助，他们为本书提供了宝贵的图片和资料；机械工业出版社宋晓磊编辑在本书策划出版过程中，耐心、细致和敬业的工作态度也让我感动和敬佩；姜琦为本书创作了精美的手绘插图。本书编著者在此对他们表示由衷的感谢！

  本书内照片，除特别注明拍摄者或出处外，均为本书编著者侯文葳、白云拍摄。

白　云

序

前言

第一篇 国外名桥：别人家的风景 001

1 嘉德水道桥：最早进入世界遗产名录的桥梁，法国 002
2 塞哥维亚水道桥：古罗马灿烂水利文明的见证，西班牙 011
3 圣天使桥：台伯河上最美的桥，意大利 018
4 佛罗伦萨老桥：别样风情别样桥，意大利 028
5 布拉格查理大桥：世界文化遗产之城的名片，捷克 037
6 莫斯塔尔古桥：最美单跨拱桥的前世今生，波黑 052
7 德里纳河上的桥：历经半世纪沧桑成就诺贝尔文学奖，波黑 057
8 巴黎新桥："历久弥新"的代表，法国 061
9 铁桥峡谷：第一座入选世界文化遗产的铁桥，英国 072
10 匈牙利布达佩斯链子桥：多瑙河上的一颗灿烂明珠，匈牙利 082
11 纽约布鲁克林大桥：一座书写了无数传奇的世界桥梁丰碑，美国 087
12 亚历山大三世桥：巴黎最张扬耀眼的桥，法国 098
13 加拿大魁北克大桥：最壮丽的悬臂桥与闻名于世的"工程师之戒"，加拿大 104
14 塔拉河峡谷大桥：电影《桥》中的桥与故事，黑山 110
15 美国塔科马海峡大桥：桥梁空气动力学研究的起点，美国 117

第二篇 我国古代名桥：天上有彩虹，人间有长桥 123

- 16 赵州桥：世界桥梁史上的耀眼明珠 124
- 17 洛阳桥：一座鲜活的古代名桥 135
- 18 婺源彩虹桥：廊桥的迷人魅力 146
- 19 广济桥：世界上最早的开合式桥梁 155
- 20 卢沟桥：一座承载了太多的旷世美桥 166
- 21 大运河北京段的桥与闸：对话千年运河上的文化遗产 174
- 22 广西程阳风雨桥：一座被列入国家非物质文化遗产的桥梁 186
- 23 庆元如龙桥：人间彩虹，梦幻廊桥 195
- 24 漫话颐和园十七孔桥：需要细细品味的园林工程杰作 210
- 25 都江堰安澜索桥：被列入世界文化遗产的最古老索桥 222
- 26 上海外白渡桥：鲜活的百年名桥 229
- 27 不老铁桥兰州中山桥：天下黄河第一桥 239

第三篇 我国现代名桥：天堑变通途 251

- 28 钱塘江大桥及中国近代桥梁：桥梁大国的近代简史 252
- 29 九江长江大桥：一张蓝图绘到底 282
- 30 杭州湾跨海大桥：长龙卧波谋腾飞 290
- 31 湘西矮寨大桥：挂在天上的桥 297
- 32 港珠澳大桥：伶仃洋筑梦宏图 308

附录 本书涉及的桥梁建筑名词释义 318

参考文献 320

第一篇 国外名桥：别人家的风景

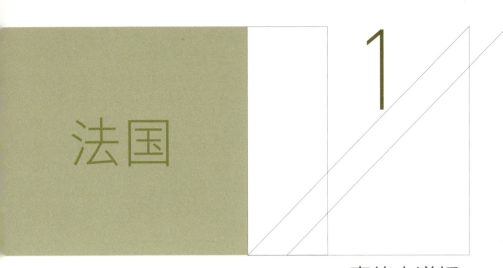

法国

1

嘉德水道桥：
最早进入世界遗产名录的桥梁

1985年，法国尼姆的嘉德水道桥入选世界遗产名录，这是第一座入选世界遗产名录的桥梁，当时世界遗产委员会对嘉德水道桥的评价是"技术与艺术的杰作"。同时入选世界遗产名录的还有另一座桥梁——西班牙塞哥维亚水道桥，两座桥都是古罗马时期的高架输水桥。这两座水道桥虽然也是桥梁，但它们与大多数交通性桥梁不同，它们是功能性桥梁，或者说是一条高架运河。它们的入选意味着桥梁这种能代表人类最先进工程技术的伟大成果，首次进入世界遗产名录的遴选视线。这两座桥梁是以文物的身份入选世界遗产的。2013年，嘉德水道桥作为背底图案被印在面值5元的欧元纸币上。每年有几百万来自世界各地的游客前来参观游览，一睹其风采，使它成为法国参观人数最多的十大景点之一。

气势磅礴的嘉德水道桥

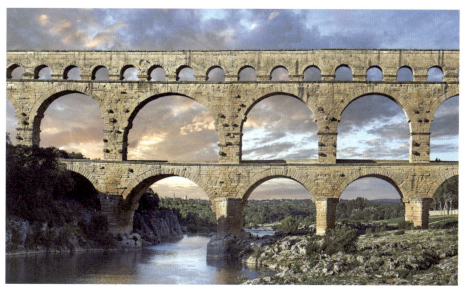

嘉德水道桥建于 50 年，那正是罗马帝国最辉煌的时候。已把地中海占为内湖的罗马帝国，决定修建一条水道，把于泽斯市的水引到当时的重镇尼姆。于是耗时 15 年，最终成功修建成了盘旋在山间 50 千米长的尼姆引水渠，使水能够利用地势落差自然流送到尼姆市。这项工程的最大难题就是如何让水渠里的水从嘉德河上跨过去，由此就有了为横跨嘉德河所建的嘉德水道桥。而有了引水渠的供水，尼姆市中得以修建了更多的喷泉和公共浴室，城中的居民因此生活更加文明舒适，进一步提高了罗马帝国的威望。

嘉德水道桥是古罗马时期一项伟大的桥梁和水利工程，更是世界上最美丽的古罗马建筑之一，是古罗马建筑师和水利工程师创造的工程技术奇迹，同时也是艺术上的一件杰作。古罗马时期的拱桥多为半圆拱，跨径一般小于 25 米，桥墩比较宽。嘉德水道桥高 48.77 米（相当于 15 层楼高），分上中下 3 层，每层都有数目不等的圆形桥拱，用单块约 6 吨重的巨石干砌建成，石块之间没有使用黏结材料，靠的是精确的切割和石块间的摩擦力。桥最底下的一层总长 142 米，宽 6.36 米，高 21.87 米，有 6 个桥拱，单拱跨度为 24.5 米，保证了河水在桥下流畅通过及来往船只的通行无阻，并且曾挖凿河床以利洪水从桥孔通过。每个桥拱都由 4 道相同的拱券并列构成，每道拱券独立砌筑，这种结构让桥既坚固又便于维修。考虑到嘉德河水时有泛滥，桥墩基础被砌筑在河床下的岩石上，桥墩迎水面设计了分水尖角，能有效地分解水流的冲击力，桥身呈现轻微弧度，以减小河水对桥的冲力，从而使大桥更加稳固，能更好地抵御洪水冲击。桥中间一层总长 242 米，宽 4.56 米，高 19.5 米，有 11 个桥拱，每个桥拱是由 3 道

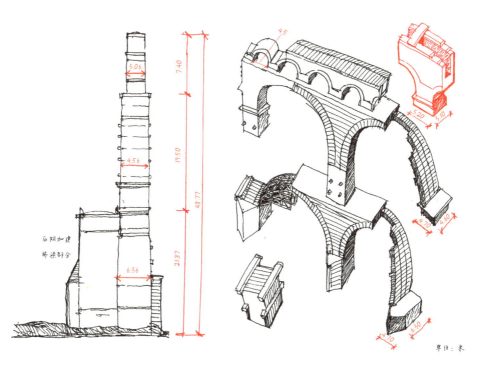

嘉德水道桥结构构造示意图

相同的拱券并列构成，孔径与底层相同。最上面的那层长275米，宽3.06米，高7.4米，有35个拱，这一层拱比较多，孔径较小。桥的三层拱券都是相互独立的连续半圆拱。桥的长度下短上长，但从横断面看，却是下宽上窄的梯形结构，能够分散压力，使桥的结构十分稳固。事实上，嘉德水道桥的最顶层才是真正的水道，并且为了防止水分蒸发，水道被设计成封闭式的，上面覆盖着石板。为了便于定期检查和清洗水道里的水垢，每隔十几米，石板上就留出一个检查口。

嘉德水道桥各层的桥拱都是由并列的、相同的半圆形拱券构成，当初修建嘉德水道桥时留下了砌筑拱券用的专用木模板，以便在后期砌筑、修复桥拱时用，经济又便捷。所以对桥拱进行修复时，只需使用相应的木模板来砌筑拱券即可，非常方便。可以说，两千多年前罗马帝国设计师的技术水平和造诣确实令人佩服。

长达 50 千米的尼姆输水道中，多段渠道是修在地下的。整条输水道只有 17 米的高度落差，古罗马人正是利用这微小的天然高度落差，经过周密的计算和特殊的设计，使输水道有高低不平的段落，用以保证产生稳定的水压，令泉水能在整个水道中自然流淌，而无须借助其他额外的动力设施，其工程设计的复杂和施工的难度都令人赞叹。输水道建成后，在接下来的几百年里发挥了重要作用，每日将 3 万至 4 万立方米的淡水输送到尼姆市内，供给市民日常用水。

这座伟大的建筑杰作建成后仅仅使用了几百年，因为从 3 世纪开始，输水道的部分结构出现了损坏，而且随着罗马帝国的衰亡，尼姆市人口因战乱而减少，城内的泉水也够自给自足了，输水道也就逐渐被弃用，嘉德水道桥也跟着失去了输水的功能。到 6 世纪时嘉德水道桥已经完全没有了输水的功用，但桥并没有被拆，而是保存了下来作为渡桥继续使用。为了避免桥身倒塌，1745 年，人们对嘉德水道桥进行第一次全面修复。1840 年以后，嘉德水道桥被视为法国最重要的历史遗迹被加以保护，并历经多次修复工程，包括将底层桥的桥面加宽到约 9 米，以方便人们过河通行及游客近距离接触、参观古桥。这一修缮举措曾备受舆论诟病，遭到了包括作家大仲马在内的不少人的批评，认为破坏了古桥原貌。

嘉德水道桥独特的构造和磅礴的气势富含勃勃生气和韵律，在建筑设计上轻盈而空灵，让人不禁为之赞叹，是古桥建造史上的一座丰碑。历经了 2000 多年的洪水、战乱、社会变迁和岁月

上│嘉德水道桥是"技术与艺术的杰作"。刘伯英摄

下│底层桥的桥面被加宽。刘伯英摄

侵蚀,桥梁至今依然保存完好,让我们得以在今天仍能一瞻两千多年前古罗马工程技术的伟大,并且被古罗马人的建筑技艺所惊艳。直到现在,人们一直将嘉德水道桥视为桥梁建筑的典范,并将其写入教科书。

自从 1985 年法国嘉德水道桥被列入世界遗产名录以来,全世界已经有几十处桥梁遗产直接或者间接入选世界遗产名录,例如，英国的铁桥峡谷和法国阿维尼翁历史中心的圣内贝泽桥等是以文物的名义直接入选，而我国北京颐和园的十七孔桥、意大利佛罗伦萨老桥、捷克布拉格的查理大桥等更多的桥梁遗产，则作为古建筑群、历史城镇、历史园林等其他类型世界遗产的重要组成部分间接入选世界遗产名录。人类桥梁遗产的科技性强，相对于同时代的建筑、园林或其他构筑物，桥梁一般都有较高的科技价值，尤其是大型桥梁，基本代表了那个时代工程建造技术的最高水平。因为在评选时参照的评价标准并不能真正科学地评估桥梁遗产的价值，造成许多杰出的桥梁遗产价值被低估。所以，入选世界遗产名录的桥梁，真正以杰出的桥梁建造技术入选的寥寥无几，桥梁遗产的核心价值还没有被发掘认可。同时，相对于世界各地庞大的桥梁数量来说，入选世界遗产名录的桥梁还是太少，世界各地还有许多广为世人熟知的杰出桥梁遗产没有被登录世界遗产名录，如中国的赵州桥、美国布鲁克林大桥和英国的伦敦塔桥等。这些桥梁中，有的桥梁的建造技术代表了人类桥梁建造史上的重要成就，有的桥梁对于某个国家或者地区的桥梁发展具有突出的意义，它们所承载的厚重的历史和丰富的文化又反映了地域精神和个性，这些桥梁都应该成为人类共同的文化遗产。

1996 年，国际古迹遗址理事会（ICOMOS）和国际工业遗产保护委员会 (TICCIH) 联合出版了《世界桥梁遗产报告》（*Context for World Heritage Bridges*），这是国际遗产保护组织第一次专门对桥梁遗产做出详细评估，桥梁遗产的概念开始正式出现。报告希望"通过展示这些桥梁遗产的杰出价值和意义，使我们关注这些诠释了全球桥梁建设历史的最优秀的桥梁，并且能够促进这些桥梁的保护。" 报告提出，许多桥梁作为展示桥梁工程技术

掩映在绿色中的嘉德水道桥,刘伯英摄

的某些重要发展阶段的突出代表,满足世界遗产关于"突出的普遍价值"的评价标准,并对桥梁遗产的真实性和完整性评判标准做出了详细的说明。近年来,陆续有杰出的桥梁遗产入选世界遗产名录,桥梁遗产的关注度明显增加。

如今,很多国家已经将古桥梁纳入遗产保护体系中。欧洲的遗产保护方法和理念都很先进,走在了世界前列,文化遗产保护体系比较健全,从历史城镇、历史街区到历史建筑和环境,桥梁被纳入不同保护层级中,得到了较好的保护,还有一些桥梁作为工业遗产被保护。欧洲在遗产保护方面的很多做法,值得我们借鉴和学习。

1985年嘉德水道桥被联合国教科文组织收录入世界遗产名录,之后经过了十几年的景区改造建设,嘉德水道桥变成了一个占地165公顷的著名景区,设有嘉德水道桥和博物馆、电影院、儿童娱乐馆、自然园林以及"加里格荒地的记忆"环形步道,拥有法国最大的古罗马历史解说中心,向旅行者娓娓道来这条古罗马输水道的历史,以模型、虚拟重构、多媒体及灯光声效等多种方式,带领游客重返罗马帝国。同时,景区还定期举行各式各样的文化活动(音乐会、焰火表演等)。每年都会有超过百万的游客前来瞻仰嘉德水道桥,使其成为全法国最受青睐的景区之一。

2 / 西班牙

塞哥维亚水道桥：
古罗马灿烂水利文明的见证

土耳其伊斯坦布尔的古罗马水道桥

罗马帝国曾经是人类历史上最强盛的帝国之一，拥有广袤的领土、强大的军事力量，也有繁荣的经济、发达的科技和自由的文艺，其灿烂的水利文明在世界各地留下历史的印记。罗马帝国不仅修筑了在古人类历史上堪称庞大的水利工程，也将水利和国家的政治、经济、文化紧密联系起来，用水利工程促进了城市的繁荣与发展，给人们的生活方式带来巨大的变化。当你徜徉在罗马的大街小巷，欣赏着那些美丽的喷泉景观，赞叹能容纳几千人同时洗浴的宏大浴场时，是否会想到2000年前，古罗马的执政者曾经修建了11条水渠，每天可以给城市提供14万吨优质洁净的水，使古罗马人在那么早的时候就享受着文明惬意的生活。在古罗马人踏足的其他地方，几乎都能找到水利工程的遗迹，这些工程包括水库、水渠和水道桥。如土耳其伊斯坦布尔的引水渠

左｜建于 206 年的古罗马大浴场

右｜土耳其以弗所冲水厕所

将 55 千米以外贝尔格拉德森林的淡水引入城市，留下了水道遗迹；英国考古学家利用激光设备发现了 2000 年前罗马帝国的隐秘地下水道，从德国一直到北非，在地下延绵数百英里（1 英里 ≈ 1609 米），其间还有不少高架水道相连；土耳其以弗所古城在 1 世纪就有流水不断的厕所。

在古罗马修建的古代水利工程中，保存最好的当属雄踞塞哥维亚城市的水道桥。塞哥维亚位于西班牙马德里西北约 100 千米处，坐落在瓜达拉马山脚下，旧卡斯蒂利亚的高原上。虽然史前曾有人居住，但最初有记载的历史在公元前 146 年。公元前 80 年由古罗马人统治并建设，古罗马衰落以后被阿拉伯人统治，直到 1088 年阿方索六世国王重新控制塞哥维亚。13 世纪至 15 世纪，卡斯蒂利亚几代国王都定都在塞哥维亚，伊莎贝拉女王曾在此地登基。在狭长的山崖上，有大量名胜古迹，1 世纪的水道桥、8 世纪的城墙、11 世纪的阿尔卡萨尔城堡、16 世纪的圣玛丽亚教堂等。因此,塞哥维亚是西班牙重要的历史名城,虽然后来衰落,人口仅余 5 万。1985 年,根据世界文化遗产遴选标准,塞哥维亚古城及其水道桥被列入世界文化遗产名录。世界遗产委员会认为,塞哥维亚水道桥是塞哥维亚历史古城一道亮丽的风景线,迄今保存完好,令人称奇。

我们现在有句话叫"要想富,先修路",而罗马帝国建设城市的准则是"要发展,先引水"。塞哥维亚水道桥建于 50 年前后,那是古罗马最辉煌、疆域接近最大的时代。

塞哥维亚水道桥全长 813 米,是输水运河的一部分,根据不同地形高度从 7 米到 30 米不等,坡度 1%。用黄色花岗岩干砌而成。水从 18 千米以外的弗利奥河引入,水道桥为跨越天堑克拉莫尔河而建,原有 167 道连环拱门,其中 36 道在 1072 年被托雷多的阿拉伯王破坏,至 15 世纪被改建为尖方形拱门。1929 年至 1930 年,部分顶部改为水泥槽,使原建筑遭到一定程度破坏。现今保存了 128 道连拱。

全桥以变截面立柱支撑双层拱券,最上层是水渠。从结构上看,当时的罗马人在设计时心思非常缜密。双层拱券可以降低立柱高度,以免压杆由于压溃而失稳,变截面可以节省材料,减少上部石料提升时的重量。据说,建造水道桥用了 2 万块巨大的石料,按照那个时代的建造技术水平,搬运、提升都不是容易的事情。用大石料做基础和下部支撑体系保证了结构的稳定性。用小石料砌筑水渠,既减少了结构自重带来的荷载,又可以使渠道砌筑更加精细。水道桥在建成的近 2000 年的时间里经历了地震、水患等自然灾害和战争的洗礼,仍能保存至今,与古罗马人的智慧和工匠精神密不可分。

塞哥维亚水道桥

双层拱券变截面柱

虽然塞哥维亚水道桥是一座功能桥，但建造者在每段截面变动较明显的位置，都不忘放置装饰石料，使大桥看着有方有圆，有棱有角，充满线条之美。真正体现了古罗马时期伟大的建筑家维特鲁威在公元前出版的《建筑十书》中提出的"实用、结实、美观"三要素。

这么长的一条输水道，想要保持设计的走向和坡度，需要精密的测量。古罗马修了那么多输水道，想必规划能力、测量技术已经达到很发达的水平，不然我们就看不到如此笔直贯通的庞大建筑了。

水道桥高耸于城市，气势恢宏，如今桥下虽然没有河流，但有各种车辆从桥下穿行而过，说明桥梁跨度完全可满足现代的通车需求，而且有足够多的车道，真是令人惊叹。

塞哥维亚水道桥是这个城市的骄傲，也是世界旅游者仰慕的地方。1974年西班牙邮政发行《古罗马和西班牙之间的相互关系》邮票，一套8枚，其中一枚小型张为塞哥维亚古城和水道桥。邮票把水道桥与城市放在同一画面中，突显了水道桥对城市发展的意义。2000年联合国发行《西班牙世界遗产》邮票，一套6枚，其一为塞哥维亚古罗马水道桥。

罗马帝国所到之处修建水利工程、开发城市，堪称那个时代的"基建狂魔"。要知道就在古罗马人大规模修建输水道的 1500 年后，印度西格里皇宫曾经因缺水而被遗弃。

上 | 各种汽车穿桥而过
下 | 塞哥维亚古城和水道桥小型张邮票

意大利

3

圣天使桥：
台伯河上最美的桥

圣天使堡与圣天使桥

圣天使桥位于意大利首都罗马的台伯河上,古罗马地区的最西端,是一座五跨半圆拱桥,桥面用花岗岩石块铺设。每个要到桥北面参观圣天使堡的人,都会走上这座桥,欣赏桥上美丽的天使雕塑和潺潺流过的台伯河河水。

130年,哈德良皇帝(Hadrian,76—138,117—138在位)为给自己和家族建造安息之所,自己设计并指挥建造了一座陵墓,同时在台伯河上建造了通往陵墓的大桥。桥梁曾用哈德良皇帝家族的名字艾里奥(Elio)命名。

经过几个世纪的历史变迁,原来的陵墓功能发生了变化。因为陵墓建筑坚固耐用,在战争时期变成了军事要塞,用于阻止敌人进攻,后来又成为监狱和兵营。6世纪陵墓被改建成华丽的罗马教皇宫殿,实际上是教皇的碉堡和避难所。现在圣天使堡仍然属于梵蒂冈,是国家博物馆。

6世纪中叶,黑死病(鼠疫)第一次在欧洲大流行,夺去大

俯瞰圣天使桥

量欧洲人的生命。在黑死病流行后期,据说教皇格里高利一世(St. Gregory Ⅰ,540—604)梦见手持宝剑的天使降临在这座陵墓建筑上,并且将宝剑插入剑鞘,不久后黑死病结束。为感谢天使,鼓舞士气,教皇命人在建筑上安放了手持利剑插入剑鞘的天使雕像,并将此建筑改名为"圣天使堡",城堡前的桥梁也随之改名为"圣天使桥"。从此,这座普通的桥梁被赋予了新的重要意义。

1450年圣天使桥倒塌，随后在原有的基础上重建。1534年，教皇克莱蒙特七世下令在桥头建立10尊雕像，保留至今的只有圣彼得雕像和圣保罗雕像。17世纪，伟大的艺术大师贝尼尼（Bernini,1598—1680)率十位雕塑家重新制作了10尊天使雕像安放于桥上，使这座桥成为文艺复兴时期巴洛克式装饰艺术的杰作。其中有1尊是贝尼尼亲手雕塑，有1尊是贝尼尼与他儿子共同完成的。1753年，先前雕刻的石像中有8尊被拆除，换成了

手持利剑入鞘的
圣天使铜像

现在的 10 尊天使铜像，那时的风貌一直保存至今。

圣天使桥之所以受人瞩目，很大程度上在于桥上的 10 尊天使铜像和两尊圣人雕像。认真解读这些雕像，才能体会到它们的意义。

最南面的一组雕像，左边是圣彼得，左手拿圣经，右手拿钥匙，是耶稣 12 门徒中最年长的一位，也是基督教会名义上第一任教宗。右边是圣保罗，左手拿圣经，右手持剑，在基督教会中被称为"非犹太人使徒"。

以下五组天使手持的都是耶稣受难时被使用过的刑具或与之相关的物件，在圣经的故事中，耶稣受难复活，后来人们将这些工具称为圣物。

第一组是天使与鞭子和天使与耻辱柱，说的是耶稣曾被捆绑在耻辱柱上，遭受鞭刑。

第二组是天使与荆棘冠和天使与面纱。当时，犹太人封耶稣为王，罗马人嘲笑耶稣，给他戴长满刺的荆棘王冠，既是刑罚

圣天使手持圣物矗立桥上

左 | 圣彼得
右 | 圣保罗

又是侮辱。相传维罗妮卡用面纱为耶稣擦拭血汗交加的面容,耶稣的面容从此永远印在面纱上。面纱至今被保存在圣彼得大教堂内,每周五向游客展示一次。

第三组是天使与紫袍及骰子和天使与钉子。天使手捧的紫袍是耶稣受难时,罗马人为嘲笑耶稣故意让耶稣穿的,因为紫色代表皇族。耶稣被钉上十字架后,士兵掷骰子决定衣物分配。右侧天使手持钉子,因罗马士兵曾用钉子钉住耶稣的手腕与脚。

第四组是天使与"INRI"和天使与十字架。"INRI"是拉丁文缩写,意为犹太人之王。耶稣被钉在十字架上,生命在剧痛中渐渐消逝,十字架象征着耶稣受难死亡以救赎罪人。

第五组是天使与蘸醋的海绵和天使与长矛。相传耶稣受刑的最后时刻说"我渴了",士兵用海绵蘸醋举到他嘴边,欲缓解他的痛苦。而罗马总督派去的行刑兵用长矛刺穿了耶稣的右肋,以

左 | 天使与鞭子
右 | 天使与耻辱柱

左 | 天使与荆棘冠
右 | 天使与面纱

确认耶稣已经死亡。因此,这一矛成为命运之矛,原物已断成三截,其中一部分现在被收藏在奥地利霍夫堡皇宫中。

这 10 尊雕像中,天使与荆棘冠、天使与"INRI"是贝尼尼亲自参与雕塑的,原件已经收藏于圣安德烈教堂,现存于桥上的是复制品。

左｜天使与紫袍及骰子
右｜天使与钉子

耶稣受难的故事中,他经历了犹大出卖、门徒躲避、大众辱骂、官兵羞辱、酷刑处死的过程,他预知这一切即将来临,无所畏惧地迎接了死,将灵魂交给上帝而复生。文艺复兴时期,很多宗教故事都成为大师级艺术家们的创作素材,如达·芬奇的《天使报喜》,米开朗基罗的《最后的审判》,拉斐尔的《西斯廷圣

左｜天使与"INRI"
右｜天使与十字架

母》。贝尼尼用天使手持圣物来讲叙耶稣受难过程，表达了他对宗教领袖的虔诚与景仰。这种表达方式真是令人叫绝。令笔者想起西斯廷教堂米开朗基罗所作壁画中的"耻辱柱"和"十字架"。

如果有机会到圣天使桥一行，可以仔细欣赏这些雕塑，品读它们表情中蕴含的深刻含义。

圣天使桥享誉世界，以至于许多国家效仿着在桥上设立雕塑。这座桥也是许多电影的素材，《天使与魔鬼》《罗马假日》《欧洲攻略》都曾在此取景。

米开朗基罗《最后的审判》中的十字架和耻辱柱

左｜天使与蘸醋的海绵
右｜天使与长矛

佛罗伦萨老桥：
别样风情别样桥

择水而居，是古人聚居选址的基本要求，聚落的形成与发展通常与河流有着密切的联系。而随着城市规模不断扩大，人们需要建设桥梁来跨河交流和发展。所以说，一座城池、一座老桥、一座城堡，再加上一个凄美的爱情故事，大概就是一个源远流长的古城的样子，如佛罗伦萨。

　　老桥又叫韦基奥桥（Ponte Vecchio），是意大利佛罗伦萨阿尔诺河上的一座廊桥，它既是桥梁又是建筑，也是街道。它是一座于1345年建造的三孔石拱桥，桥上建有二层鹅黄色的设计独特的房屋，并与桥两端的建筑连为一体。远远看去，老桥优美的桥拱和轻盈明亮的桥廊静静倒映在河水中，宛如一幅色彩浓郁又静谧的油画。老桥在阿尔诺河上空形成了一条美丽的空中长廊，连接着阿尔诺河两岸。走近老桥，桥上店铺林立，桥面中央是大理石铺成的地面，两侧是金碧辉煌的珠宝首饰店和手工艺品店，其中不乏百年老店，和岸上的米开朗基罗世界名品店接连在一起，廊桥是街道的延伸，也是街道的一部分。廊桥的第二层是一条封闭的长廊，是著名的瓦萨里走廊的一部分，直通碧提宫和乌菲兹美术馆。老桥是意大利最古老的石拱桥，凭借其古老而传奇的历史故事和文化内涵闻名世界，也是佛罗伦萨历史的见证。现在它已经成为佛罗伦萨的地标性建筑和著名旅游景观之一。

　　老桥建于1345年，是佛罗伦萨最早的大跨度圆弧拱闭肩石拱桥。其实老桥的历史还要往前推几百年，在老桥的位置上，曾经有过两座桥，第一座桥建于古罗马时期，996年的相关文献中首次记载了这座桥的信息，是一座石头桥墩的木结构桥梁，于1117年被洪水冲毁。然后人们在桥的原址上又建造了一座石桥，但也于1333年被洪水冲毁。现在的老桥就建在其前身的旧址上，

老桥（韦基奥桥）风采

是一座结构坚固、造型典雅的三拱石桥，由设计师塔德奥·加迪（Taddeo Gaddi）设计。加迪是乔托的弟子，为了保证桥下能通过更多的河水，加迪在设计桥拱时选用了低矢高的圆弧拱。桥的三孔拱跨度不一，中间的桥拱跨度为 30 米，两侧的桥拱跨度则为 27 米，桥拱的高度介于 3.5~4.4 米之间，整体桥梁结构十分匀称。桥上本来有四座塔，但在战争中受损，现在仅留存下了一座塔。1565 年美第奇家族的科西莫一世出资建造了著名的瓦萨里空中走廊，空中走廊飞越群楼将位于阿尔诺河两岸的韦奇奥宫和碧提宫连接起来，走廊的一部分就建在老桥廊屋之上，形成了现在老桥桥廊建筑的二层长廊。现在这里是观赏阿尔诺河两岸风景的最佳位置。

瓦萨里空中走廊内景

老桥建成后,桥上的房屋很快都被商贩承租用作商店。大部分店主都是鱼贩子、卖肉商人和制革商,他们主要看中这条河很方便他们用水和倾倒废弃物。那时允许垃圾直接倾倒在河水中。因此这里很快形成了一个喧嚷的集市,环境脏乱,空气中弥漫着难闻的气味。到了 1593 年，当地统治者斐迪南一世讨厌宫殿附近有如此污秽的场所，同时，为了不影响市容，政府禁止商贩在此贩卖鱼、肉等，因此撤掉了集市。原来的商店被改造成珠宝首饰店和金店，于是老桥就变成了一座被金银珠宝填满的桥。很快，老桥声名鹊起，成为欧洲最著名的黄金珠宝首饰市场之一，与此同时老桥也有了一个好听的别称——金桥。如今，几百年过去了，当年那些黄金珠宝商的后裔仍在桥上漂亮的店铺中做着生意，很多店都做成了百年老店。的确，作为文艺复兴的发源地，佛罗伦萨文化遗产丰富，时尚产业非常发达，为人们提供了多元的设计灵感，使他们引领着意大利时尚珠宝的潮流。老桥的金银珠宝首饰不仅是在佛罗伦萨及意大利出名，就是在整个欧洲也是很有名气的。而桥的中心位置，就矗立着佛罗伦萨最出名的一位金匠——本韦努托·切利尼（Benvenuto Cellini）的半身雕像。

瓦萨里走廊是佛罗伦萨老城区里连接韦奇奥宫（Palazzo Vecchio，也称旧宫）和碧提宫（Palazzo Pitti）的一条通道，可

老桥与瓦萨里走廊

以称其为一条"高架的快速通道",全长 1200 米,它依次经过了韦奇奥宫、乌菲兹美术馆,最后通过老桥抵达南岸的碧提宫。瓦萨里走廊于 1565 年由乔治·瓦萨里设计并主持修建。当时这道空中走廊是供科西莫一世往来于河两岸的旧宫和碧提宫之用。科西莫一世每天都要往返阿尔诺河两岸,但又不想每天都与老百姓在路上碰面,同时还有对自身安全的考虑,于是他想出了一个特别直截了当的办法,出资建了一条专用的空中走廊,安全又隐秘。如今,瓦萨里走廊作为画廊成了乌菲兹美术馆的一部分,收藏有美第奇家族数代人收藏的世界知名艺术家的自画像。

作为 15、16 世纪意大利文艺复兴的发源地及艺术中心,佛罗伦萨是一座历史悠久的文化名城。15 世纪意大利文艺复兴时期的城市规划布局为城市增添了很多内容。尤其是在老桥附近,众多古建筑和历史遗迹相映生辉,乌菲兹美术馆、圣母百花大教堂、圣马可修道院、巴尔杰罗宫、旧宫、领主广场、圣洛伦佐教堂、斯特洛奇府邸、碧提宫等,它们相互可见并且与周围的建筑、

瓦萨里空中走廊在碧提宫的入口

但丁故居前的但丁雕塑

环境相互呼应。15世纪时,文艺复兴运动起源于此并达到高峰,佛罗伦萨的经济发展到了顶点,这里曾云集了达·芬奇、米开朗基罗、但丁、拉斐尔、马萨乔、波提切利、薄伽丘、乔托、提香、吉贝尔蒂、伽利略等一大批著名的画家、雕塑家、建筑师、文学家、诗人以及科学家,创造出许多旷世佳作。而佛罗伦萨在文化历史上的影响,则主要归功于美第奇家族。美第奇家族统治佛罗伦萨二百余年,热心资助各种公益活动,热爱艺术,赞助文化,长期资助艺术家,兴建图书馆和美术学院。大量购买藏书藏画是这个家族的传统,从而推动了意大利的文艺复兴。特别是被称作文艺复兴"三杰"的达·芬奇、米开朗基罗和拉斐尔,同期会于佛罗伦萨,成为艺术史上的千载佳话。所以,佛罗伦萨有数不清的著名建筑、雕塑、绘画作品,在众多的博物馆、宫殿和教堂中,收藏着无数的艺术珍宝。佛罗伦萨虽经过了几百年的风霜雨雪洗礼,历尽沧桑,但仍有着浓郁的艺术氛围,老桥则一同见证了这个伟大时代的辉煌与落幕。

也许有人会问，这么多历史名人同聚佛罗伦萨，他们和老桥之间的故事肯定也不会少吧？中世纪时城里的达官贵人和平民百姓一样，往来两岸都要在这里过桥。在文艺复兴那段风起云涌的日子里，这些艺术大师们就在这座美丽的廊桥上往来穿梭，老桥上留下了他们的足迹和故事。其中最动人、流传最广的，是但丁和老桥的故事。

老桥是少年但丁遇到心中挚爱贝特丽丝的地方，相传但丁和贝特丽丝一共就见过两次面，两次见面都是在这座老桥上。13世纪的一天清晨，青春靓丽、气质高贵的少女贝特丽丝手持鲜花，在女伴的陪同下从桥的一端走上老桥，与从老桥另一端走来的年轻诗人但丁不期而遇。但丁对她一见钟情，爱情之花在少年的心里深深地扎下了根。但丁曾在《新生》中描写第一次见到贝特丽丝时的心情："这个时候，藏在生命中最深处的生命之精灵，开始激烈地颤动起来，就连很微弱的脉搏里也感觉了震动。"但是两人最终没能牵手，当他们再次见面时，贝特丽丝已经遵从父命嫁给了一位伯爵，且不久后不幸早逝。但是，但丁对贝特丽丝的爱恋和怀念终生未改，贝特丽丝成了他一生都魂牵梦绕的恋人和心中永远的女神，一如初见般美好。这份凄美的爱情，后来成就了但丁在早期和晚年分别写出了《新生》和《神曲》这两部传世之作。

后来，著名画家亨利·豪里达根据这个故事创作了油画《但丁与贝特丽丝的邂逅》，用画笔生动地描绘了这段刻骨铭心的爱情故事，画中所描绘的但丁与贝特丽丝在老桥相遇并一见钟情的情景永远留在了佛罗伦萨人的心中。这幅油画的诞生，让但丁的爱情故事广为人知。一次老桥上的美丽邂逅，一个唯美的爱情故事,给后人留下了千古之爱的回想空间,让老桥变得古老且浪漫。老桥逐渐成了意大利乃至世界各国有情人心目中的爱情圣地,吸引着无数的恋人们纷纷在桥上留下爱情锁,而商家也利用这段美丽的爱情故事,给桥上珠宝店里的产品添上一份爱的承诺。

亨利·豪里达《但丁与贝特丽丝的邂逅》

老桥有一个故事与"二战"有关。第二次世界大战时,驻守佛罗伦萨的德国军队炸毁了佛罗伦萨除老桥外的所有桥梁,只有这座老桥安然无恙。据说桥下曾埋置了炸药,但却免于被炸毁的厄运,由此佛罗伦萨人更觉得这座老桥神奇。

老桥如今已经六百多岁了,历尽战火的洗礼和洪水的冲刷,始终保持屹立。老桥是佛罗伦萨这座城市的见证人,见证了这座城市的兴衰,而老桥上方的瓦萨里长廊,则见证了美第奇家族的兴衰。历尽沧桑的老桥承载了厚重的历史和丰富的文化,成为珍贵的桥梁遗产。1982年,老桥随意大利佛罗伦萨中心区一起入选世界遗产名录。

5 / 捷克

布拉格查理大桥:
世界文化遗产之城的名片

布拉格是第一个因整座城市都被认定为世界文化遗产而受到保护的城市，也是一座有"建筑博物馆"之称的多桥之城。碧波粼粼的伏尔塔瓦河穿城而过，把布拉格分成了东岸和西岸。共有18座大桥横架在河水之上，将两岸众多的哥特式、巴洛克式和文艺复兴式建筑连成一体。其中，查理大桥是布拉格人在伏尔塔瓦河上修建的第一座桥梁，距今已有600多年历史。查理大桥始建于1357年，建桥工程历时43年，直到1400年才竣工，是14世纪以来欧洲最具艺术价值的石桥。查理大桥长520米，宽10米，有16孔桥拱，是连接布拉格老城和布拉格城堡的交通要道，也是历代国王加冕游行的必经之路。2007年，为纪念查理大桥建桥650周年，捷克邮政特别以查理大桥为邮票图案，发行了一枚"布拉格2008世界邮展"系列小型张。

歌德曾经说过："布拉格是欧洲最美丽的城市"。的确，关于布拉格，无论是书籍还是网络，介绍它的文字都很多：布拉格

是一座著名的旅游城市，拥有许多各个历史时期、各种风格的建筑，而且建筑顶部变化特别丰富，色彩绚丽夺目，因而拥有"千塔之城""金色城市"等美称，是欧洲最美丽的城市之一。布拉格值得游览的景点实在太多，老城广场、查理大桥、布拉格城堡、圣维特大教堂、黄金巷、火药塔、瓦茨拉夫广场、捷克国家博物馆等，都是值得参观的好地方，而老城广场和查理大桥则是布拉格的灵魂所在。老城里有很多可爱的小巷，巷子里面遍布各色有趣的小店，街道两旁是13世纪以来的各种风格的历史建筑物，其中以巴洛克风格和哥特式居多。有时很难说一栋建筑是什么风格的，一幢连一幢，如同建筑实景博物馆，走着走着就温习了一遍欧洲建筑史课，也穿过了千年的建筑史。这里是众多悲欢离合故事的起点和终点，浓缩了这个民族文化的精华和历史的悲欢。

布拉格的桥基本都采用了统一的桥式——拱桥，伏尔塔瓦河上的18座桥梁都是拱桥，这些拱桥在造型和风格上既统一和谐，又各不相同。每座桥梁的设计都充分考虑了与两岸建筑风格的协调和融合，带给人们美的艺术享受，堪称城市河流桥梁群的典范。1992年，联合国教科文组织将布拉格列入世界文化遗产名录。

查理大桥以其悠久的历史和建筑艺术成为布拉格最有名的古迹之一，是典型的哥特式建筑艺术与巴洛克雕塑艺术的完美结合。大桥的一端连着东岸的老城区，另一端则连着西岸的布拉格城堡古建筑群和小城区。查理大桥是一座有三座桥塔的大桥，桥的东侧桥塔叫老城桥塔，入口处耸立着查理四世的全身雕像。老城桥塔是一座有巴洛克式浮雕的哥特式塔楼，桥塔上方有金色人物浮雕像，立于正中间的浮雕像是主教圣维特，左边雕像是头戴王冠手执十字架的查理四世皇帝，右边是波西米亚国王瓦茨拉夫

查理大桥全景

查理大桥的连拱石桥结构

四世,中间位置两侧分别是代表神圣罗马帝国的单头鹰和代表波西米亚王国的双尾狮盾徽。在桥的西侧则有一高一低两座桥塔:高的那座是小城桥塔,另一座矮的是尤蒂斯桥塔(大桥前身尤蒂斯桥的桥塔)。因此,查理大桥实际上是在三座桥塔的保护之下。

桥两侧石栏杆上有 30 组圣者雕像,都是捷克 17 ~ 18 世纪巴洛克艺术大师的杰作,被欧洲人称为"欧洲的露天巴洛克塑像美术馆"。现在这些雕像都已经被换成复制品,原件保存在博物馆内。即使是复制品,也都历经风霜,很有一种历史的沧桑感,丝毫不影响我们感受巴洛克艺术带来的视觉震撼。对于捷克人而言,查理大桥是生活中不可或缺的组成部分,这座桥成了沟通两岸的最重要的纽带,也成为布拉格最著名的地标。可以说,查理大桥已经成为布拉格的一张旅游名片,也是这个城市的一道美丽风景线。来捷克旅游,如果没有走过查理大桥,就等于没有来过捷克。

上｜查理大桥老城桥塔（东塔）

下｜小城桥塔和尤蒂斯桥塔（西塔），陈杰摄

从查理大桥东侧的老城桥塔出发，沿着皇帝街（历史名街，Karlova街）向东漫步，就进入了布拉格老城区，沿街步行不远，就能到达老城广场。这条狭窄蜿蜒的街道是当年国王加冕御道的一部分，聚集了许多旧城的精华。街上遍布售卖各色有趣纪念

从老市政厅钟楼
眺望布拉格

品的小店和咖啡馆,还有介绍著名天文学家开普勒(Johannes Kepler)的博物馆。小街的两侧,不同年代、不同风格、不同高矮和不同颜色的建筑簇拥在一起,那么多的建筑风格和色彩挤在一起,却是完美和谐的,充满魅力。皇帝街是布拉格人气最旺的一条步行街。

老城广场已有 900 多年的历史,广场周围是一栋栋不同风格的建筑,餐厅和咖啡馆林立。从前这里是布拉格市民日常活动聚集的重要场地,现在是世界各地旅游者来布拉格的聚集地及游览的起始点,广场上人流如织,热闹非凡。广场上最著名的是老市政厅钟楼上的天文钟,每逢整点都会有包括骷髅拉动铃铛、圣徒现身、雄鸡鸣叫等各种报时表演。这是来布拉格不可错过的风景之一,天文钟前总是聚集着不少人等着看天文钟报时,因此每个整点,都会有一批又一批的人群聚集和散去。

布拉格老城的街道如车轮的辐条一样,古老的石子路,古老的煤气灯式街灯,无数小巷如蛛网一般密布,但无论你怎样穿街走巷闲逛,最终都会走到老城广场上。既然叫"千塔之城",城市里最美的风景就应该是建筑的屋顶,所以欣赏布拉格的美需要昂起头向上看。登上老市政厅的钟楼或者查理大桥老城桥塔,居高临下看布拉格,才是欣赏这座城市最好的视角。不同风格造型、材料色彩各异的建筑鳞次栉比、自由自在地连成一片,每一栋建筑的屋顶都是不一样的。以褚红色为主色调的屋顶与青铜色的塔尖,由近及远向外延伸,有一种古老的情怀和浪漫,很美。布拉格老城完美地保留了几百年前的风貌,你可以深切感受到捷克人用心珍惜历史遗产、全力呵护文

西桥塔拱门外的小城区。陈杰摄

化财富的态度,感受到人们对古老建筑和街道的钟爱以及小心翼翼地维护修缮。可以看出他们是一个善于保存记忆、懂得用心灵呵护文化的民族。

查理大桥的另一端是布拉格城堡和小城区,这一端的桥塔是双桥塔:小城桥塔和尤蒂斯桥塔。穿过桥塔下的拱门漫步向西,就可以穿过小城区去布拉格城堡了。沿街不远处就是上山去往布拉格城堡的长长的台阶,拾阶而上,就到了著名的布拉格城堡古建筑群。布拉格城堡号称是世界上最大的古城堡建筑群,城堡里

清晨的查理大桥
静谧而浪漫

夕阳中的查理大桥
及桥上艺术集市

最主要的三个景点分别是旧皇宫、圣维特大教堂和黄金巷。站在城堡的高处,可以将整座城市的景色尽收眼底。城堡过去是皇帝、国王的宫殿,如今是捷克总统为外国元首来访举行欢迎仪式和接受各国大使递交国书的地方,捷克历届总统的办公室均设在这里。

查理大桥是一个非常热闹的地方,每天有无数来自世界各地的游客在这里漫步,大桥上终日游人如织,熙熙攘攘。查理大桥

是步行桥，现在已经成为布拉格艺术的展示场所，是民间艺术家们现场展示、出售自己作品的艺术集市，人们在桥上可以观赏到艺术家的表演，还可以买到很多艺术品。大桥两侧摆满画摊，街头画家们现场作画及售卖各种绘画作品，操着乐器表演的音乐人演奏着悠扬的旋律。摆着纪念品摊的手工艺人展示着精湛的手工艺创作，他们售卖泥塑、提线木偶、玻璃制品和特色首饰等小工艺品。在这里，艺术不再是高冷的，而是最接地气最平民化的精神生活所需，人们只需要在大桥上散步，就可以近距离欣赏丰富多彩的艺术表演。查理大桥上的艺术家们给大桥带来了无限的活力，他们精湛的技艺和娴熟的手工技术深深感染着人们的心境。据说在桥上摆摊卖艺需要考核才能上岗，得具有相当的艺术水准才行。

夕阳中在大桥上漫步，灿烂的晚霞为大桥笼罩上一层浪漫的气氛，有鸽子盘旋在大桥雕塑的上面，你可以感受到一种布拉格特有的典雅浪漫以及波西米亚式文艺气息。

现在查理大桥的位置，在 10 世纪时曾建有一座木桥，木桥

被大火烧毁后，人们于 1170 年在原址上修建了一座中世纪罗马风格的石桥，并命名为"尤蒂斯桥"。它是欧洲历史上第二古老的石桥，也是当时布拉格唯一的跨越伏尔塔瓦河的大桥，但于 1342 年不幸被洪水冲毁，只留下了尤蒂斯桥塔仍在默默护佑着如今的查理大桥。1357 年，正值捷克历史上最昌盛的时期，当时的国王查理四世下令在原址上重新建起一座能抵御洪水的坚不可摧的大桥，建桥的任务落在了当时波西米亚王朝的年轻建筑师彼得·帕莱肩上，这位年仅 27 岁且才华横溢的建筑师曾负责建造了圣维特大教堂，他发誓一定要建成一座全欧洲最好的大桥。查理四世亲自为大桥打下奠基石，并宣布正式破土动工。但建桥的过程并不顺利，用了漫长的 40 多年才得以建成，彼得最终没能看到他设计的大桥建成的样子。

查理大桥在设计上以 134 年建成的古罗马桥梁——圣天使桥为样板，圣天使桥横跨台伯河，是一座五跨半圆拱的石拱桥。查理大桥则是有 16 孔桥拱的圆弧拱石拱桥，全桥使用波西米亚

河中护堤木排架

大桥夜景，陈杰摄

桥上雕塑

砂岩建造而成，桥墩下船型的桥基设计成尖头用以分水，减轻水流浪潮对桥墩的冲击。为了让大桥更加坚固，工匠们在砌筑石块的灰浆中加入了鸡蛋，以提高灰浆的黏性，于是整个波西米亚的鸡蛋都被运来筑桥，运鸡蛋的马车浩浩荡荡地汇集到布拉格，成为彼时的一道奇观。传说有一个村子因为担心鸡蛋在运输途中被颠碎，就把所有的鸡蛋都煮熟，然后成马车地运送到布拉格，结果导致鸡蛋不能使用而浪费了。不论这个有趣的传说真实性如何，通过现代科学技术检验灰浆的无机成分和有机成分后，查理大桥的灰浆中使用了鸡蛋这个历史传说还是得到了证实。

最为桥梁添彩的还有桥上两侧安放的30组巴洛克式雕塑。其中大部分雕塑都是17世纪末和18世纪初增建的。雕像是由多个雕塑大师集体创作的，每尊雕像背后

第一篇 国外名桥：别人家的风景 | 047

圣约翰雕像,陈杰摄

都有一段感人的故事,因此这里也成了一个巨大的露天巴洛克式雕塑博物馆。雕像主要是圣经中的人物和这座城市的主宰者,他们或手持圣经,或低头祈祷,造型栩栩如生。

其中最著名的是位居大桥中央的"内波穆克的圣约翰"(St. John of Nepomuk),他是查理大桥的守护者,也被视为世界各地圣约翰雕像的蓝本,他的陵墓就在圣维特大教堂中。传说中他既能抗拒诽谤,也能镇住洪水。传说抚摸着他底座上的两个浮雕(左边是皇后忏悔的情景,右边是他被抛入河中),面向伏尔塔瓦河许个愿,就会带来好运,而且女性抚摸浮雕还会拥有美好的爱情。这些传说都如此具有诱惑力,以至于圣约翰雕像底座的浮雕吸引着众多的游客,游客们排着长队去抚摸浮雕,因此这两个部位被抚摸得金光灿灿、光滑无比。

查理大桥距今已有 600 多年历史,曾经历了数次浩劫,也见证了很多历史事件:1432 年,一场洪水冲毁了大桥的三座桥墩;1496 年,查理大桥的桥拱因水侵蚀而损坏,且有一座桥墩被冲毁;1648 年,瑞典军队占领了伏尔塔瓦河西岸,他们试图进攻老城区,并与罗马帝国军队在查理大桥上展开了激战;"二战"期间,隆隆的坦克曾穿桥而过,而查理大桥却稳如泰山。经历几百年的风风雨雨,洪水冲击,迄今查理大桥仍完好无损,屹立在伏尔塔瓦河上。

说查理大桥,就不能不提捷克作家卡夫卡。弗兰兹·卡夫卡(1883—1924),这位出生于布拉格查理大桥边上的具有世界影响力的著名作家、现代主义文学大师,对查理大桥更是情有独钟,他将查理大桥视为永远的心灵故乡,他生命中的最后一句话是:"我的生命和灵感全部来自于伟大的查理大桥。"卡夫卡在这里出生、创作,他的生活就是在桥上或桥下,以及围绕着老城广场进行的,他从 3 岁起便在桥上游荡,熟知大桥上所有雕像的典故,也说得出老城小巷里的众多故事,最喜欢划着小船沿伏尔塔瓦河逆流而上,然后再仰卧在船中顺流而下,欣赏着河水上方一座座不同的桥。他的作品中有很多地方是以大桥为背景创作的。如今,伏尔塔瓦河东岸有卡夫卡的故居和陵墓,卡夫卡博物馆就坐落在查理

弗兰兹·卡夫卡

上 | 查理大桥上游人如织,卓健骅摄
下 | 站在查理大桥上眺望布拉格城堡

大桥的一端。

  行走在古老的石桥上,仰望高耸的雕像,俯视桥下向远方流去的伏尔塔瓦河水,耳边仿佛响起捷克民族音乐奠基人斯美塔那的交响诗套曲《我的祖国》。生活在这片土地上的人们,热爱生活,也热爱艺术。无论是建筑、街道还是雕塑,哪怕只是街头巷尾小店里的旅游纪念品,也能让你看到这里完全不同于其他地方的风格和创意,体现了波西米亚式浪漫。数不清的各类博物馆体现了布拉格悠久的文化与历史。这个整座城市都被列入世界文化遗产的布拉格,自有一种其他城市都没有的气质:拥有灿烂的文明却总是透着淡淡的哀伤,一个被称为音乐之都被音乐浸泡着的城市,却永远是沉稳安静的。布拉格人的神情永远是现代人少有的那种淡然从容,没有躁动、自负和不屑,有的只是一种近乎漠然的平淡,不能说他们不热情,人来人往中却近乎无声无息,恍惚中仿佛置身于一部默片之中,那种感觉只有在那待过了才能体会。

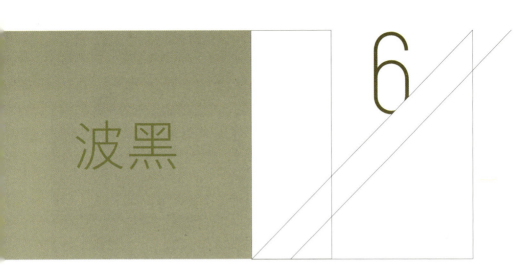

6 波黑

莫斯塔尔古桥：
最美单跨拱桥的前世今生

莫斯塔尔古桥

  莫斯塔尔（Mostar）古桥位于波黑南部内雷特瓦州。桥梁坐落于莫斯塔尔古城，横跨内雷特瓦河。这是一座具有 400 多年历史的石拱桥，桥梁宽 4 米，长 29 米，高 20 米。蓝绿色的内雷特瓦河河水清澈又丰盈，湍急地从桥下流过，风景非常美丽。桥梁周边是古老的、以石头为主体的建筑，融合了土耳其、地中海和西部欧洲的建筑风格。老桥、石砌建筑与卵石铺成的街道和谐呼应，其风貌充分展现了 16 世纪波西米亚的古朴风情和艺术风格。

  这座漂亮的古桥始建于奥斯曼帝国统治的 1557 年，耗时 9 年，到 1566 年才建成。由土耳其著名建筑师希南（Sinan）的助手哈伊鲁丁（Hajrudin）设计。在那个时代这可是一座巨型建筑，据说在石拱桥拆除脚手架之前，旁边立起了绞刑架，显示了工程

莫斯塔尔古桥与街区

师"杀身成仁"的决心与惶恐。莫斯塔尔古桥将居住在两岸的居民联系在一起,成为民族沟通的桥梁。

然而在波黑战争中,1993年波黑人为了防止克罗地亚人进入而把桥炸毁了。那一年古桥整整427岁,经历过奥斯曼帝国、奥匈帝国、第一次世界大战、第二次世界大战、南斯拉夫时期,见证了国家无数的历史。

波黑战争时被炸毁的古桥

波黑战争结束以后,由世界银行、联合国教科文组织、阿加汗文化信托基金和世界文化遗产基金会组成联盟,监督古桥重建工作。重建的古桥尽量按照原貌恢复,潜水员从水中捞出掉入河中的石料,用于桥梁重建。2004年7月23日,重建的莫斯塔尔桥落成,以它雄伟的姿态迎接八方来客。

当地年轻的勇士们,每天站在桥栏外面,只要付的钱足够,他们就会为游人表演高空跳桥,那飞翔般的姿态,美极了。

2005年莫斯塔尔古桥及周边地区被联合国教科文组织列入《世界文化遗产名录》。古桥修复了,但战争带来的创伤永远留在人们的记忆里。这座桥梁曾经是民族融合的纽带,战争中却成了牺牲品。如今,我们旅游来到这里,徜徉在卵石铺成的街区,登上古堡瞭望,享受蓝天清流的美景,在莫斯塔尔古桥拍照留影,不禁赞叹古人设计与建造的伟大,更感叹和平多么美好。

修复后的古桥

勇敢的跳桥人

7 波黑

德里纳河上的桥:
历经半世纪沧桑成就诺贝尔文学奖

波黑小城维舍格勒位于波黑首都萨拉热窝以东近 100 千米，在群山之间有一条河叫德里纳河，有一座用白色花岗岩砌筑的 11 孔石拱桥横跨河流之上。桥全长 179.5 米，桥面宽 4 米，拱券具有伊斯兰风格。桥梁的名字叫穆罕默德·巴夏·索科罗维奇大桥。深绿发蓝的河水从桥下匆匆流过，大桥在蓝天白云的映衬下更显宏伟壮观。与其他桥梁不同的是，因为桥梁左岸是山，桥梁在左岸桥头转折 90 度处有第 12 孔桥，这一孔是坡道旱桥，顺河流方向通到地面。这座大桥基础非常坚固，迎水方向有三角形分流构造，去水方向有圆锥形护坡。这座大桥于 1571 年建成，至今已有 400 多年。

穆罕默德·巴夏·索科罗维奇大桥是 16 世纪末，宫廷建筑师希南（Sinan）在奥斯曼帝国大维齐尔（相当于宰相）穆罕默德·巴夏·索科罗维奇的命令下建造的，是土耳其纪念性建筑和土木工程的巅峰之作。400 年多年来，古桥历经多次战争与洪水的洗礼，主体结构没有受到太大的损坏，几经修复保存至今，

穆罕默德·巴夏·索科罗维奇大桥全景

上左 | 宽阔的桥面
上右 | 大桥基础和迎水面三角锥形分流体
下左 | 背水面圆锥形桥墩护坡
下右 | 从第 12 孔看桥梁

2007 年被联合国教科文组织批准列入世界文化遗产名录。

　　这座桥得以闻名于世，很大程度上归功于南斯拉夫现代作家伊沃·安德里奇。安德里奇童年曾生活在维舍格勒，与大桥有着深刻的情感渊源。安德里奇的著名小说《德里纳河上的桥》，以桥梁建设与小城的兴衰作为载体，用大时代小人物的生动笔触，准确地描述了几个世纪以来，维舍格勒城发生的一系列重大历史事件，成功地塑造了许多不同历史时期的典型人物，描绘了国家 400 多年的历史。安德里奇 1961 年获得诺贝尔文学奖，《德里纳河上的桥》是其最重要的代表作之一。

　　小说介绍了桥梁建设的主要出资人奥斯曼宰相穆罕穆德·巴夏·索科罗维奇。16 世纪苏莱曼大帝在位时，奥斯曼帝国日益昌盛，占领了包括巴尔干半岛、中东及北非大部分地区。这位宰相曾加入土耳其军队，从士兵做到海军上将，又当上驸马，成为宰相。为了促进波黑与奥斯曼帝国贸易，他出资建桥，并以自己的名字为桥梁命名，所以桥梁就有了那么冗长的名字，而他本人却在桥梁建成时被刺杀致死。

小说着重描写的地方是大桥中央的那个凸出的平台，被称为加比亚台。平台上靠河侧耸立着高大的石墙，墙上刻有13节诗组成的碑文，记载着出资造桥人的名字和时间。由于有平台，有靠背，这里也被安德里奇称为"沙发"。

小说写了建桥初期，土耳其人强迫当地人建桥，不付工钱，还要自带食物，引起当地人的强烈反抗，而统治者又对破坏桥梁建设的普通人施以酷刑。也写了桥梁建成后，大桥给小城带来的变化与发展。历史匆匆掀过一页又一页，不同的统治者时期，不同的穿着打扮，不同表情，不同使命的人物走过大桥，或驻足加比亚台。小说把这座几百年不变的石桥与起伏跌宕的国家历史和人物命运联系在一起，让我们走在桥上仿佛看到了曾经鲜活的生命。小说最后一幕是"一战"开始，桥梁因战争被炸毁。

阅读这本小说，会使桥梁人知道，建设一座设计完善、质量优良的大桥，对当地的历史有多么重要的意义。

上｜桥梁中部的加比亚台
下｜桥头有作家安德里奇纪念碑

巴黎新桥:
"历久弥新"的代表

到法国旅游不能不去巴黎，到巴黎了就不能不走巴黎的桥。桥，是巴黎不可缺少的一道风景线，也是这座城市真正的"历史见证人"。在流经巴黎市区 13 千米长的塞纳河上架着的桥，据说共有 36 座，每隔 300~400 米就有一座桥，分别建于不同时期。这些桥或石垒，或钢制，或简约，或豪华，建造时期不同，建筑风格各异，它们像一道道跨在塞纳河上的美丽彩虹，每座桥都有动人的传说和故事。在经历了无数次的洪水、火灾和战争之后，今天，它们依然屹立在塞纳河上，成为世界名都巴黎的一道独具魅力的绚丽风景线。其中已经被列为历史古迹的桥就有三座：玛丽桥、皇家桥和新桥，这三座桥都是 17 世纪初建的，距今 300 多年了。1978 年 3 月 4 日法国发行《旅游系列》邮票，一套 7 枚，其中之一即为巴黎新桥。巴黎的桥，不仅是连接左右岸的交通枢纽，更承载着厚重的巴黎历史，它们和法国的历史紧密相连，与塞纳河一起见证着巴黎的变迁和发展。

新桥（Pont-Neuf）是塞纳河上年代最久且最为有名的桥，虽名为新桥，其实很有年头了。它是巴黎最古老的桥，是巴黎首座石造的桥梁，更是巴黎的建桥史上里程碑式的桥梁。之所以命名为"新桥"，是因为在此之前巴黎建造的桥梁上都建有房子，这些建在桥上的房子多数还有好几层高，其中一层是商店，二层以上是公寓。而新桥是巴黎建桥史上第一座没有建房的石桥，这开创了当时建桥的新潮流，所以得名"新桥"。这座建于 1606 年的石桥，长 278 米，中间横跨西岱岛分别连接塞纳河左右两岸。整个工程是五位建筑师的共同成果，桥面宽度为那个时代所罕见的 20 多米，由 12 孔桥拱支撑，在拱券上还装饰有 300 多个形状各异的精美面具雕塑。新桥开工于 1578 年亨利三世时期，由

巴黎新桥（Pont-Neuf），李茜摄

亨利三世亲自奠基，1607 年由亨利四世主持了落成仪式。新桥实际分为两个部分，由西岱岛分别连接左右两岸的两座独立拱桥组成，西岱岛与左岸之间的部分有 5 孔桥拱，与右岸连接的部分则有 7 孔桥拱。在新桥穿过西岱岛的位置，矗立着亨利四世骑马的铜像，这座铜像曾于法国大革命期间被毁，但又于 1818 年重塑。这座桥费时近 30 年建成，突破了许多技术限制，以连续跨度一次性跨越塞纳河，在当时可以说是桥梁建设的巨大创新。

在纪录片《巴黎之桥》中，有着悠长历史的新桥的建设，可追溯至 16 世纪，是巴黎城里第一座用石头建造的桥。而建造新

桥与岛的连接，李茜摄

桥的主要目的，最初是为了连接巴黎市政厅和塞纳河对岸居民的交通，缓解首都的交通拥堵，加强卢浮宫与塞纳河左岸之间的联系。巴黎的桥的历史可以追溯到 2000 多年前，那时的巴黎还只是塞纳河中间西岱岛上的一个小渔村，当时只有大桥和小桥将西岱岛和塞纳河的两岸连接。当巴黎从小小的西岱岛向塞纳河两岸扩张之后，人们为了日常生活和商贸往来，需要加强西岱岛和

塞纳河两岸的交流,就不断地在塞纳河两岸修建桥梁,但是由于技术、经济等条件的限制,这些桥多为木桥,后都被损坏。直到17世纪,建桥的工程技术水平开始得到了很大的发展,巴黎城市桥梁建设迈入黄金时期。这个时期塞纳河上迅速建起了十几座桥,新桥、皇家桥和玛丽桥都是这段时间建成的桥梁杰作。

新桥的设计者是安德鲁埃(Jacques Androuet),桥总长278米,桥的12孔桥拱均为半圆形石拱,各个拱的跨径从9.1米到18.9米不等,全桥桥面有10%的坡度,桥墩的厚度不一,桥宽也不一样,从20米到28米不等。每个桥墩上都设计有半圆形步行安全区兼观景台,在大型马车通过时,行人可以暂时躲避在这些安全区。安全区里设有石椅供行人驻足休憩,桥上专门修建了步行道,步行道连接着桥上一侧所有的观景台,走累了,可以在观景台上看看风景,休息一会。

桥与岛的路面处理,李茜摄

新桥横跨西岱岛西端,桥下的岛像尖刀似的伸向塞纳河,将河道一分为二。新桥的建造者巧妙地利用了场地本身的地理特点,在西岱岛的西侧,他们利用现有岛屿的地貌特点填河造地,开垦出了一块 3000 平方米的土地，将这里作为贯通左右两部分桥梁的连接点，成为桥梁的坚实支撑。新桥不是一座整体的桥，而是两座独立的桥梁，利用西岱岛新开垦出来的地方连接贯通，形成一座连续跨度的桥跨越塞纳河两岸。第一座桥的长度为 154米，位于巨型码头与现在的钟楼之间，第二座桥的长度为 78 米，位于银匠码头和大奥古斯丁码头之间。以新填土建成的西岱岛末端地块为对称轴，来进行左右两座桥梁的设计和建造。两座桥沿同一轴线对齐，桥梁结构在设计风格上完全一致，然后由岛上的同一段路面，将两段桥梁连接成一体，再加上同样的装饰，因此

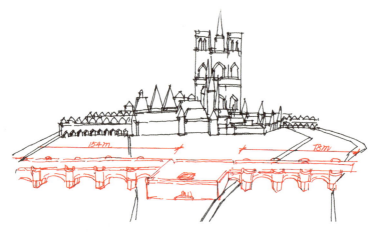

桥与岛连接构造

看似合二为一，两桥连接贯通的部分看上去就是大桥一座特殊的桥墩，在外观上形成一座长约 278 米的桥，成为巴黎有史以来建造的最长的桥梁。这样设计的独创性在于，既减少了桥梁部分的长度从而降低了建桥难度，又建造了一座外观看起来完全连续、从塞纳河的一侧一次性跨越到另一侧的桥。由两座桥结合成为一座连续的桥，这本身就是一个创新之举。

建设新桥的设想于 1577 年由亨利三世提出，1578 年动工开

建后，因为设计改变、财政紧张、宗教战争和其他政治动乱等原因，经历了几次停建复建，断断续续一直建了近三十年才竣工，1606年建成时已经是亨利四世的时代了。新桥在建成后的很长一段时间都是巴黎最宽的桥梁，可同时行走四辆马车，交通相当繁忙。当时，中世纪的桥面两边都盖有房屋，新桥是第一座桥面上没建房屋的桥，因而行人可以在桥上观赏到塞纳河及河两岸的风景。桥上的观景台里有半圆形石椅，夏天时也吸引了不少人到这里乘凉，顺带着看看桥下两岸的风景。另外，桥上设置有好几个大钟用来报时，在怀表等还不普及的当时，这里成了巴黎人看时间的重要场所。因此，新桥建成之后风靡一时，巴黎市民不论贫民还是贵族都来这里"打卡"，新桥一时成了当年巴黎的"网红地"。

亨利四世骑马铜像，李茜摄

当时逛一逛新桥实在是时髦的事情，以至于人们约会时有一句非常流行的名言："我在雕塑下等你"。这里的"雕塑"指的就是桥上亨利四世的铜像。贵族们添置了新款的华服盛装，常常也要穿着先来新桥展示一番。贵族们的青睐，让这里的商业和服务业也快速发展了起来,这里逐渐成了当时热门的民众聚集地,政府的很多重要信息会第一时间在这里张贴发布,一些知名的表演也会在这里演出。当时任何一个重大事件,不是发生在新桥,就是首先在新桥成为话题。这样很快使新桥成了巴黎人气最旺的地方,也是巴黎最时髦的地方,新桥成为巴黎的地标性建筑,巴黎人以及每个去巴黎的人都要过来看看。

由于历史悠久,新桥与巴黎的很多名人都有联系。它曾经是无数电影和照片的美丽取景地,有一部法国电影叫《新桥恋人》,故事的发生地就是新桥。许多作家和艺术家在这里找到了创作灵感,留下了无数不朽的新桥式作品,也为新桥增添了许多传奇故

雷诺阿油画《巴黎新桥》

事,进一步提高了新桥的知名度。如法国著名作家维克多·雨果,法国作家、文学评论家、社会活动家阿纳托尔·法朗士,著名法国印象派画家毕沙罗、雷诺阿,以及以绘制战争史实而闻名的

画家雅克·卡洛等,他们已成为新桥不可缺少的一部分。雷诺阿的油画《巴黎新桥》,生动而细致入微地展现了当年新桥上热闹的盛况,正午的明媚阳光照亮了新桥全景,桥上是川流不息的交通和驻足观赏塞纳河景色的行人。据说,雷诺阿在一家位于桥头附近的咖啡馆楼上住了一天,以画笔描绘了这座著名桥梁上的实况景色,给后人留下了新桥1872年某一时刻实景画面定格的宝贵资料。

新桥建成几年后,人们就开发出了这座桥的新功能,为巴黎人提供生死攸关的水资源。17世纪时巴黎是世界最大的城市之一,但是巴黎的建筑没有自来水,人们日常用水大多由挑夫从塞纳河取水售卖。在一个迅速发展的城市里,人们对水的需求大幅提高,为巴黎人供应饮用水的泉水已经不能满足需求,况且城市还需要大量的水用于其他用途。新桥的建成让人们找到了供应水的新办法,一个名叫林特莱尔的工程师向亨利四世建议利用新桥的一个桥拱安装水泵系统,用以提高水位,取河水用作自来水供应给卢浮宫周边地区使用。于是,被人们称为"圣玛利丹(Sanmaritaine)"的水泵就安置于右岸第二个桥拱。在这里建水泵房与桥相连,是因为这个桥拱的位置水流最湍急,水泵能以河流本身的水能为动力抽水,并利用一个管道系统将水分配给巴黎的很多地方,这个系统每天能供应70万升水,将塞纳河水供给卢浮宫和周围地区。

这座已经有400多年历史的"新桥",与塞纳河一起见证了巴黎的变迁和发展。随着时间的流逝,这里逐渐成为各种娱乐和商业活动的中心,如今依然是巴黎著名的河边旧书市的核心地带,与巴黎人的生活紧密相连。至今法语仍将"经久耐用"的东

"圣玛利丹（San-maritaine）"水泵

西比作"Pont Neuf"，即所谓"历久弥新"。1991 年，新桥与巴黎塞纳河畔被联合国教科文组织列为世界文化遗产。

伫立在西提岛上新桥亨利四世铜像附近的多芬广场，远眺近观，不免让人产生许多遐思与感叹。有人说：巴黎的创新始于一座桥。这话有一定道理。在新桥建成的 17 世纪，新桥扮演的角色应该和后来的埃菲尔铁塔差不多，它是巴黎建桥史上第一座桥上没有建房的石桥，桥上的步行道是现代社会中最早出现的步行道，也启发了欧洲人后来实现人车分流的设想。塞纳河是巴黎人的灵魂，这些连接塞纳河两岸、不同时代、风格各异的桥梁，各有各的名字，各有各的故事，它们和两岸的古老建筑一起，共同承载了巴黎的历史与变迁，人们能够从中领略古老巴黎的文明发展轨迹，感受其所折射出的一种无与伦比的巴黎风格——汇聚了多元文化的典雅、浪漫与前卫，它们是巴黎文化历史的重要窗口，是巴黎文明的象征。

走在桥上，静心感受属于巴黎的浪漫氛围，感受塞纳河畔的文化气息。桥上热热闹闹，桥两侧观景台石椅的椅面凹凸不平，记载着岁月沧桑，亦有街头画家就在此摆起摊位，将塞纳河畔的美景绘入画中或者为游人现场画像。直到今天，新桥仍激发着艺术家的创作热情。自从新桥毗邻的艺术桥上的爱情锁都被去掉以后，如今的新桥已经取代艺术桥，成为巴黎最出名的挂同心锁的爱情圣地，特别留出了一大段桥梁供情侣们挂爱情锁寄托爱情，还摆放了一段从艺术桥上拆下来的挂满旧锁的老栅栏进行展览。巴黎是活在细节之中的，而巴黎的美，就美在各种文化风格的撞击和矛盾之中。

新桥上的精美雕塑

铁桥峡谷：
第一座入选世界文化遗产的铁桥

英国的铁桥峡谷（乔治铁桥，Ironbridge Gorge），是世界上第一座直接入选世界文化遗产的真正意义上的桥梁。1986年，铁桥峡谷被联合国教科文组织世界遗产委员会评定为文化遗产录入世界遗产名录中。这是世界上第一例以工业遗产为主题的桥梁世界文化遗产，使我们关注到了这些全球桥梁建设历史上最优秀的桥梁，并且开始有意识地对这类桥梁遗产以及工业遗产进行保护。

18世纪的工业革命给世界带来了翻天覆地的变革，铁桥峡谷位于英格兰的什罗普郡塞文河畔，是18世纪时世界上最重要的工业中心之一，由于其在矿业、铁器制造和机械工程方面的革新，以被誉为工业革命的发源地而闻名于世。这里汇集了采矿区、冶炼厂、铸造厂等工厂、车间和仓库，密布着巷道、轨道、坡道、运河和铁路编织而成的古老运输网络，以及18世纪至19世纪的钢铁厂厂长住宅、工人宿舍及各类公共设施。其中以铁桥和科尔布鲁克代尔高炉最为著名，世界遗产委员会评价认为高炉和铁桥对科学技术和建筑的发展产生了很大的影响。20世纪60年代开始，铁桥峡谷开始了工业遗产保护和旅游的开发，主要是对原有的工业遗产进行保护，恢复遭受破坏的生态环境和建造主题博物馆，以此来发展旅游业。经过几十年的保护性开发，今天铁桥峡谷的自然环境已经得到了全面恢复，峡谷一带废旧的工厂、作坊、采矿中心、转型工业、制造厂、工人宿舍和运输网络得到了充分的保护，已经被规划改造成集10座不同主题的博物馆和工业纪念地，以及285个保护性工业建筑为一体的旅游胜地，占地达10平方千米，青山绿水掩映着古老的工业遗迹，对游客来讲别有一番风味。

世界文化遗产铁桥峡谷

其中,乔治铁桥作为铁桥峡谷的标志性建筑,是世界上第一座铁桥,也是工业革命历程中的一个标记,作为工业革命的象征举世闻名,它对于世界科技和建筑领域的发展具有很大的影响。铁桥峡谷的名字也是因铁桥而得名。

铁桥横跨在英国第一长河——塞文河上,是一座单跨拱形铸铁桥,主跨跨度为 30.6 米,拱高 15.85 米,桥面宽 5.48 米,大桥结构全部使用铸铁构件,共用了 384 吨预先浇注成型的铸铁构件拼装建成,铁构件之间的连接使用了类似木结构的榫卯连接方式。大桥于 1779 年开始修建,1781 年建成开通,从此开创了用金属来建造桥梁的先河。铁桥由建筑师托马斯·法诺尔斯·普里查德设计,由亚伯拉罕·达比三世(Abraham Darby III)建造而成。铁桥的建成,连接起了包括科尔布鲁克代尔、梅德里和科尔波特在内的工业区,成为当时工业革命时期最具代表性的建筑，塞文河峡谷也由此更名为铁桥峡谷。

关于这座大桥的建造施工过程，目前已知的确切资料只有一张正在建设中的大桥图画，是瑞典艺术家埃利亚斯·马丁的一幅画，画中展示了人们正在使用一个简单脚手架架设桥拱的铁构件。而建造这座桥的 384 吨铸铁构件，全部是在科尔布鲁克代尔高炉中熔炼的。因此，铁桥的成功建造，高炉发挥了不可或缺

拥有 18 世纪古典美的乔治铁桥

的作用，在当时的生产、运输和施工条件下，铸造、运输和施工安装这些巨大的铁桥构件肯定是一项伟大的壮举。一百多年来，许多人对这座桥的实际建造方式进行过很多推测和理论推导。2000 年，BBC 的 Timewatch 节目组来到铁桥峡谷博物馆，在维多利亚小镇的运河上架设了一座半比例的铁桥模型。他们使用了与马丁画中相同的方法，并成功安装了三根铸铁桥拱构件。在这次实验中，他们也有了新的发现，对 1779 年工匠们建造这座铁桥的过程有了进一步的了解。

这一地区被联合国教科文组织列入世界遗产名录的景点共有

5个：其中，煤山是18世纪工业革命的起点，亚伯拉罕·达比一世1709年开始在这里使用炼焦技术；铁桥区是18世纪采矿和冶金活动区；运河附近的草河谷有矿井和高炉；杰克山庄是塞文河南岸的小镇，以采煤、开发陶土和运输业为主；煤港在塞文河北岸，以烧制瓷器而闻名。

埃利亚斯·马丁的铁桥建设画

铁桥峡谷从初创到繁荣的发展故事，就是一部英国18世纪工业革命发展史的微缩剧本。早在铁桥横跨塞文河之前，科尔布鲁克代尔（Coalbrookdale）就已经是一个工业中心了。这里拥有丰富的矿物、煤炭、铁矿石、石灰石、沙子及黏土，伊丽莎白一世在位期间，当地地主开始大规模开采煤炭。1600年后，修建了木制铁路，将煤炭运到塞文河岸。冶炼、挖煤、铁器制造、陶瓷制造、玻璃制造等方面的能工巧匠沿着峡谷的斜坡安家落户。到1700年，这个地区有好几座锻造厂。那时候都使用水力鼓风机，并以木炭为燃料。

1708年，科尔布鲁克代尔的高炉被亚伯拉罕·达比一世租用，他于 1709 年发明了炼焦技术，发明了用焦炭代替木炭炼铁的生产技术，这是一个重大的发明，使炼铁业摆脱了对木材的依赖，大大降低了炼铁的成本，一举使英国的铁产量大幅提高，为工业革命奠定了基础，成功促进了工业革命的发展。

1755 年，达比家族在霍尔塞伊建造了一座高炉，开始了当地铁矿石贸易的扩张。达比家族和其他铁匠在铁的使用上开发了一系列卓越的创新举措。18 世纪 20 年代，为蒸汽机提供了铁缸；1729 年，成功铸造了铁路货车的铁轮；铁路铁轨制造于 1767 年；1787 年，由约翰·威尔金森制造的第一艘铁船塞文号下水。峡谷地区工业的快速发展，需要塞文河两岸频繁地进行运输交通，仅用船渡运输已经不能满足河两岸的炼铁厂及其他工业对原材料的需求，塞文河已经阻碍了该地区的工业发展。此时，在塞文河上建造一座桥的议案被提上议程。

1773 年，木匠兼建筑师托马斯·法诺尔斯·普里查德（Thomas Farnolls Pritchard）写信给当地的铁匠企业家约翰·威尔金森（John Wilkinson），建议在河上建一座铁桥。他在 1775 年提出了铁桥的设计方案，设计中铁桥为一座单拱桥，避免在河里建造桥墩，因此不会对河上的船只通航造成阻碍。一群当地商人委托铁匠亚伯拉罕·达比三世制作铁桥构件，因此达比家族受委托主持修建了铁桥。1776 年，议会通过法案授权修建这座桥，并发行股票筹集资金。铁桥修建工作于 1777 年 11 月正式启动，所选的桥址地点也是峡谷最引人注目的地方，经过两年的前期准备工作，1779 年在不中断河上交通的情况下，开始建造安装大桥，铺设桥面板和修筑连接陆上的道路，最后大桥于 1781 年元旦通车。作为世界上第一座在结构上使用铸铁的桥梁，大桥匀称精致的造型展现了 18 世纪古典主义的美，在建造技术上则展现了那个时代最先进的工业技术水平。因此，来自世界各地的艺术家、作家、企业家、工程师纷至沓来参观大桥，都对这座无与伦比的建筑物赞叹不已。铁桥的修建催生了英国的工业革命，许多工业技术都源自铁桥的修筑。

据资料称，1779 年建造这座桥的最终成本是 6000 英镑，但如果放在今天想要建造一座这样的桥，可能需要超过 150 万英镑。当年这座桥的修建相当于是由 18 世纪的一场媒体运动推动的。达比家族为建桥进行筹资活动做的广告画作中，有一辆马车正在从桥上通过，穿着考究的观光客欣赏着这座桥，铁桥周边风景如画，峡谷丝毫没有受到污染。这幅铁桥的宣传画，也成了铁器制造商与其新技术的强有力的广告。

达比家族是一个传奇的家族，达比一世发明的焦炭炼铁技术是工业界一项重要发明，它也使达比家族发迹。他的儿子达比二世接管家族业务以后，发展了早期阶段的铁路，建造了第一批铁轨和火车。1763 年达比二世去世以后，他的儿子亚伯拉罕·达比三世接替了他，达比三世当时还只是一个十几岁的孩子，但是后来他建造了铁桥。1802 年，在达比家族的科尔布鲁克代尔铁厂内，一位名叫理查特·特拉维斯克的工程师造出了世界上第一架蒸汽火车头。而亚伯拉罕·达比四世则率领人们为世界上第一艘铁制远洋轮"大不列颠号"生产了船体钢板。1851 年，作为英国最大的铸造工厂，达比家族的铁厂又为在伦敦举行的大博览会建造了一扇富丽堂皇的大门。如今在肯辛顿公园仍可以见到这扇大门。

正是亚伯拉罕·达比一世、约翰·威尔金森(John

Wilkinson)等先驱的成就,使铁桥峡谷在 18 世纪末成为世界上工业技术最先进的地区,其工业革命先驱者的名声远播全球。

1986 年,铁桥峡谷成为英国首批被联合国教科文组织列入世界遗产名录的 7 个地点之一,也是英国第一个被列入此名录的工业遗址,这一称号确认了该地区对 18 世纪工业革命的无与伦比的贡献,至今仍可以在全世界范围内感受到其深远的影响。

在世界历史上,西欧各国首先完成了工业化。作为工业文明的直接受益者,他们对工业遗迹的保护有着挥之不去的情结。英国是工业革命的摇篮,18 世纪的煤矿、铁矿,古老的运河,废弃的工厂等工业遗迹已成为旅游手册上常见的旅游景点。工业遗产的再利用为英国创造了财富,也为其他国家提供了可借鉴的经验。"二战"后,英国学者提出了"工业考古学"概念,呼吁对工业革命时期的遗迹和遗物加以记录和保存,铁桥峡谷的保护和发展被认为是其中的典范。经过 20 世纪 60 年代以来的开发,铁桥峡谷一带废旧的工厂、作坊等,已经被规划改造成 10 座不同主题的博物馆,这些博物馆都有自己的作坊和车间,不仅能够向观众展示工业革命时期的制作工艺,还可以把产品拿出来销售。这 10 座博物馆包括钢铁、瓷器、瓷砖等博物馆,统称"铁桥峡谷博物馆",由一家名为"铁桥峡谷博物馆信托"的慈善组织统一管理。这家成立于 1967 年的慈善机构,给自己的定位是"保护和解读"峡谷地区工业革命的遗迹,其收入主要来源于门票、产品出售和场地租赁,也接受一定的私人捐助,还有一部分资金来自国家和欧盟。博物馆除了每年接待约 60 万名游客,还作为拍摄场地对外开放,成为很多电影、电视剧、纪录片、音乐电视的取景地,既增加了收益,也提高了自己的知名度。博物馆下属的布利斯山维多利亚风情小镇里，19世纪末期风格的商店、作坊、街道，受到电影拍摄者们的喜爱和推崇。博物馆在晚间闭馆期间，还接待婚宴、招待会等活动，以增加收入。博物馆将废旧厂房"变废为宝"的成功经营，挽救了铁桥峡谷这个一度走向衰败的老工业区，带动了工业旅游、文创产业、家庭旅馆和餐饮业的发展，带动了峡谷地区的经济重生。

重新繁荣的铁桥镇

两百多年过去了，铁桥依然维护得很好。桥头的小旅店，应该也有几百年的历史了，在这里，历史触手可及，真的有时光倒流的感觉。来到铁桥峡谷，如果仅仅是参观铁桥本身，确实比较单调。但是，铁桥峡谷是一个以工业博物馆群落为主题的世界文化遗产聚落，其特点是以城市为背景、多个工业遗产区域打包开发的整体联动模式，整体建设成了一个工业遗产博物馆小镇。这里有10座不同类型的博物馆，还有维多利亚时期的小镇风情。在这里待个两三天，才能看个够。

站在铁桥上，放眼上游下游、近看远眺，满眼的绿色，非身临其境无法想象。铁桥旁的小镇点缀在绿色之中非常漂亮，还可以爬上山坡居高临下鸟瞰整个河谷。漫步在郁郁葱葱的环境中，很难想象这里在100年前曾经是个黑烟滚滚、遍地工业废弃物的地方。

铁桥峡谷的景色

匈牙利

10

匈牙利布达佩斯链子桥：
多瑙河上的一颗灿烂明珠

在匈牙利首都,穿城而过的多瑙河上有 9 座不同时代、不同形状的桥梁连接着河流右岸的布达和左岸的佩斯,形成了布达佩斯城市的壮丽图景。这 9 座桥自北向南分别是:迈杰里桥、新佩斯铁路桥、阿帕德桥、玛格丽特桥、链子桥、伊丽莎白桥、自由桥、裴多菲桥、拉科奇桥。其中最早、最雄伟壮丽的当属链子桥。

链子桥

1820 年 12 月,匈牙利贵族、年轻的骑兵军官伊斯特万·塞切尼得到父亲在维也纳病危的消息,立即出发看望父亲,可是遇到恶劣天气,多瑙河上的浮冰挡住了去路,只能等待浮冰融化以后,木质浮桥才可以使用。塞切尼足足等了一个星期才过河,等他赶到维也纳时,父亲已经去世,他没能见到父亲最后一面。于是他下决心在多瑙河上建桥。他捐献了全年的薪水作为建桥基金,并组建成立了匈牙利科学院。他多次到欧洲考察,结识了英国工程师威廉·蒂尔尼·克拉克,聘其主持大桥设计。大桥

1839 年动工，1849 年建成。鉴于伊斯特万·塞切尼伯爵对大桥的贡献，链子桥的全名叫"塞切尼链桥"。

链子桥全长 300 多米，是一座钢结构悬链桥，共三跨，主跨 203 米，建成时是世界最大跨度的桥梁。1852 年，由匈牙利设计师亚诺斯设计的两对巨大的石狮坐落在桥两头，使桥梁更显威武。然而，1944 年 9 月，德国为了防守需要，用 5 吨凝固汽油弹将大桥炸毁。"二战"后，大桥原样重建，于 1949 年落成，届时刚好是链子桥 100 年诞辰。

桥头狮子

链子桥是一座非常奇特的桥梁，那个时候虽然早已有古代悬索桥，但像链子桥那样的悬链桥绝无仅有。巨大的桥塔架起的不是钢索，而是由销轴链接的钢板。12 片钢板结成束，共同承受拉力。销轴在链接钢板的位置，同时连接吊杆，把钢梁吊起来。吊杆也不是柔性杆件，而是采用角钢连接。每侧两束钢板链，间隔承担吊梁工作，不仅如此，钢板链端头还用强大的地锚将其梳理固定，起到现代悬索桥两端锚碇的作用。看到这些，才真正感受到设计者的智慧和制作者的才干。

　　链子桥对于诗人来讲是一座浪漫的桥梁，他们说"在布达佩斯，你必须要做的事，就是选个清晨，牵着爱人的手，踱过链子桥。"对游客来讲，链子桥是一座壮丽的桥。那粗壮高挺的门式桥塔敦实有力，钢板链构成的粗犷美丽的弧线，是现代高强钢丝

上左｜钢板链
上右｜销轴连接处
下左｜强大的地锚
下右｜坚固的桥塔

的纤细不能比的。而专业的造桥人在仔细观察了桥梁结构和制造工艺以后，对那个时代技术人员的创造力和坚忍不拔的精神佩服至极。

桥与城市融为一体，卓健骅摄

11 美国

纽约布鲁克林大桥:
一座书写了无数传奇的世界桥梁丰碑

世界上最著名的悬索桥无疑是美国纽约的布鲁克林（Brooklyn）大桥。自布鲁克林大桥于 1883 年建成后，世界上很少有悬索桥能完全摆脱布鲁克林大桥的影子。

纽约布鲁克林大桥是世界上第一座现代悬索桥，外观富丽典雅，建成时跨度世界第一，被誉为工业革命时代世界的建筑奇迹之一，曾被誉为"世界第八奇景"。布鲁克林大桥凭借其合理的结构体系和力学美感成为此后建造悬索桥的范本，1972 年入选国际土木工程历史古迹，它所具有的先进的建桥工程技术，也为今后世界悬索桥乃至斜拉桥的发展奠定了基础。而大桥的设计建造者，罗布林一家两代人的传奇故事，更是给大桥增添了华美的光彩。

布鲁克林大桥的设计师是德裔建筑师约翰·罗布林，也是

19 世纪少数几个杰出的、能与埃菲尔比肩的结构工程师之一，1869 年他的建桥方案力排众议，得到了批准，但他自己却在现场勘察时不幸受伤殉职。于是建桥的任务落在了他儿子华盛顿·罗布林身上，这位 32 岁的土木工程师被任命为建桥总工程师。

布鲁克林大桥全景，卓健骅摄

小罗布林早年就随父亲协助设计和建造桥梁，积累了丰富的实践经验。他继承父志，从造桥一开始便坚持亲临现场指挥。因建造桥墩时采用的是气压沉箱法施工，小罗布林不幸患上沉箱病，后来病情逐渐严重，以至于全身瘫痪，无法亲自到工地现场指挥，只能靠他的妻子艾米莉代替他到工地传达指令间接指挥。大桥的建设从1869年开工，到1883年竣工，历时14年，花费了2500万美元。建设期间，除约翰·罗布林殉职以外，还有20名建筑工人为建桥殉职，最后终于建成了这座世界桥梁史上的丰碑。而桥塔上面的标志板，就是为纪念在建桥中献身的英雄建设者们而设立的。布鲁克林大桥现在已成为纽约市天际线不可或缺的一部分。

布鲁克林大桥的建设过程，是一个传奇般的励志故事，记载着决心不被境遇打败的罗布林家族的胜利，彰显了罗布林家族面对极端困难时的信念、毅力、勇气和坚韧不拔的精神。周绪红院士曾在重庆大学的土木工程新生专业入门课上说："布鲁克林大桥的故事告诉我们，没有什么困难可以难住你，你只要用一根手指持之以恒地去敲击成功之门，一定能够打开。只要心中理想信念的那盏明灯还亮着，看似不可能实现的梦想，通过坚持不懈的努力就可能实现。"2015年，布鲁克林大桥的建造故事在美国被改编成电影，名字就叫《布鲁克林大桥》，电影根据罗布林家族的真实故事改编，讲述了一位年轻工程师在父亲去世后，被要求全权监管修建布鲁克林大桥过程中所发生的故事。这座书写了无数传奇的大桥，正是因为有了故事才有了灵魂，激发了无数创作者的设计灵感，承载了修建者难以想象的爱和毅力。

布鲁克林大桥横跨纽约东河，将曼哈顿区和布鲁克林区连接起来,在纽约的发展进程中占据着重要的地位,是纽约市天际线不可或缺的一部分,它与帝国大厦以及昔日的世贸中心双子塔楼一道,一直是纽约的标志性建筑。1964年,它凭借其悠久的历史、丰富的文化内涵和突出的科技成就,成为美国国家历史地标,被誉为是美国的象征,得到了文化遗产式的保护,所以虽然经过多

布鲁克林大桥,卓健骅摄

次改造和大修,布鲁克林大桥依然保持最初的风貌。如今布鲁克林大桥已成为游客们来纽约旅游的必游景点之一,也是很多美国电影电视剧的取景地,如《破产姐妹》《绝望主妇》《蝙蝠侠》《美国往事》《绯闻女孩》《纽约黑帮》等。这座大桥以雄伟的姿态迎接着来自世界各地的游客们,也有很多摄影爱好者扛着摄影器材来这里取景拍摄,其高塔和铁索都是画家们竞相描绘的对象。甚至有人说:"从布鲁克林大桥进入纽约,有种电影般的仪式感"。

布鲁克林大桥是一座钢结构悬索桥,也融合了斜拉桥的设计。大桥全长1834米,有两座87米高的哥特式桥塔,桥塔为

花岗岩砌体结构，坐落在庞大的混凝土沉箱基础上。桥墩之间的主跨长 486 米，两个侧跨每跨长 284 米，设有 4 根直径 400 毫米的主缆索，加劲钢桁架梁的桥面宽 25.6 米，由 380 根吊索吊在主缆索上，并有从竖塔顶拉下的斜拉索作为辅助支承。但是罗布林当初在设计桥的时候，并没有把斜拉索的承力计算进去，斜拉索只是他凭直觉加上去的，用以作为大桥受力的额外安全保障。桥面高出水面 41 米，大型船只可以自由通航。巨大的桥塔耸立着，像一座国家纪念碑，如同一件伟大的艺术品。先进桥梁工程的样板，展现着其功能、稳固以及显示出社会的财富。整座桥气势恢宏，有一种使人愉悦的艺术效果，同时显得坚固而且比例均衡，令人充满信心。

2008 年时，在大桥桥塔下边，安装了丹麦艺术家奥拉维尔·埃利亚松设计的 4 座巨型人工瀑布，为人们提供了一场颇具震撼力的视觉盛宴，也为大桥增色不少。

老罗布林设计的布鲁克林大桥悬索体系，有 4 根主悬索，其中两根在中线附近，另两根在桥面两侧，每根主悬索都由 19 股钢绞线组成，每股钢绞线含 278 根钢丝。架设悬索时，先将每股钢绞线锚固在河岸的一端，用罗布林发明的行走滑轮 (traveling wheel)，通过塔顶的 4 个铸铁鞍座，将连接在轮上的钢绞线跨越河面运送到彼岸，并固定在彼岸桥塔的锚具上。如此往复直到钢绞线全部到位，然后用涂层钢丝分别把 4 根主悬索的各股钢绞线全部绕紧，形成 4 根圆截面直径 400 毫米的主缆索。这样做，既能使各股钢绞线共同受力，又能阻止水分进入钢缆，防止缆索被腐蚀。主缆索安装完成后，再在它上面等间距地架设 380 根吊索，吊住加劲钢桁架桥梁。同时，还从塔顶斜拉下 30 余根斜拉索，分

2008 年时的布鲁克林大桥景观，卓健骅摄

上 | 大桥结构体系示意图
下 | 桥面横断面示意图

092 | 旅途上的桥　世界桥梁建筑漫谈

别固定在塔架附近的钢梁上。这些斜拉索有足够的强度,一旦主悬索在意外事故中断裂,它们可以承受桥梁全部的荷载。在悬索桥梁上加设斜拉索,是老罗布林从美国一例悬索桥失稳垮塌事件中得到的启发,为了防止桥面在空气动力作用下因振荡失效而破坏。加设斜拉索可以使桥面在有悬索作为主要支承的情况下,还有斜拉索与塔架相连作为补充,以保障大桥绝对安全。

桥面分为两层,下层是机动车行驶通道,上层桥中间段则是以木材铺成的通道,供行人步行及自行车专用。漫步在大桥上,感受海风,欣赏曼哈顿的天际线,在桥上能一览纽约全景,船只在桥下经过,自由女神像、高楼林立的曼哈顿尽在眼前,都是不可多得的好景色。

因为布鲁克林大桥连接了布鲁克林和曼哈顿两个地区,故也有人称之为纽约的一座"阶级之桥"。大桥靠布鲁克林一端的桥墩下方就是布鲁克林大桥公园(Brooklyn Bridge Park),这是一座独特的公共滨水公园,环境优美,有许多休闲娱乐设施,附近的

桥上景观,卓健骅摄

DUMBO艺术区能带你领略美国艺术家们的灵感与创意。大桥的另一端连接的是曼哈顿下城，有著名的华尔街、百老汇大街、水街、新世贸中心，纽约的上流人士云集于此。连接曼哈顿和布鲁克林的桥有好几座，但是布鲁克林大桥是与众不同的，尤其是对于在布鲁克林、曼哈顿工作的人们来说，这座大桥可以说是生活中不可缺少的一部分。

布鲁克林大桥桥塔的桥墩及其沉箱基础，是大桥最关键的支撑结构。气压沉箱法是一种在水下进行基础施工的工法，施工时将压缩空气送入形似有顶盖的沉井的沉箱内部排开水，然后在沉箱内进行挖土施工，并通过特殊的装置井将土运出。在沉箱自重加荷载作用下，沉箱逐步下沉，至设计标高后，用混凝土填实工作室，即为沉箱基础。布鲁克林大桥桥墩的沉箱是一个巨大而不透水的无底木制工作室，平面尺寸约52米×31米，其木制顶部厚6.1米，四周木制墙厚2.4米，但底部只有0.05米，用钢板包住，称为刃脚。在工作室顶部有一个运土用的伸至水面的钢竖井，一个挖土工人进出用的气闸室，以及打入压缩空气的压气管。工作时向工作室里打入压缩空气，当空气压力与工作室四周水的压力相等时，工人便能在室内挖土，并将土从竖井中运走。因此，工人挖土施工是在有压力的工作室里操作的。在向下挖土的同时，再在沉箱上部砌筑塔架的石头基础。当工作室刃脚下四周土被挖走，刃脚被工作室顶部已建成的塔架基础压入土中时，沉箱就会下沉。这个过程连续进行，直到刃脚达到基岩或密实砂土为止（该桥一侧的沉箱达到基岩，另一侧的沉箱达到密实砂土）。沉箱最后沉入水中的深度，在布鲁克林区一侧为13.5米，在曼哈顿区一侧为24米。在箱内全部浇筑混凝土，形成桥墩的沉箱基础，并与上面砌筑的桥墩形成坚实的塔基，再在塔基上做花岗岩塔架。

悬索桥是最古老的桥型之一，起源于原始的藤竹吊桥。早期的悬索桥根据制索材料的不同分为：藤悬索桥、竹悬索桥、皮革悬索桥及铁链悬索桥。早在我国古代就已有用铁链做悬索桥主缆的实例。20世纪是悬索桥迅猛发展的时期，1931年，纽约乔治·华盛顿大桥的建成，使悬索桥的跨度首次超过1千米，1998年建成的日本明石海峡大桥将悬索桥的跨度推到了接近2千米。悬索桥是迄今为止，建设跨度大于1千米的大跨度桥时，最合适的一种桥型。同时，因为悬索桥优美的造型和宏伟的规模，人们又将悬索桥称为"桥梁皇后"。而且，由于悬索桥为柔性结构，所以一般比其他桥型更能承受地震力。在1906年、1989年的两次旧金山大地震中，一些桥梁和建筑遭到损坏，但悬索桥都没有遭到破坏。1995年日本神户大地震，几乎位于震中的明石海峡大桥幸免于难，大桥所在地震级接近里氏8级，但当时已完成桥塔和主缆施工的大桥只有轻微损伤。正是由于悬索桥具有这些

布鲁克林大桥的主缆及悬索，卓健骅摄

优良性能，随着新建大桥跨度的不断加大，悬索桥的应用也越来越广泛。

自古以来，与桥梁相关的工程技术的发展一直走在时代科技发展的前列，因此才有许多代表当时国家或时代的先进建造技术和设计理念的古桥留存至今。相对于建筑而言，桥梁遗产科技性很强，一般都有较高的科技价值，尤其是大型桥梁，甚至代表了当时工程建造技术的最高水平。如布鲁克林大桥就反映了那个时代的最高建造水平，集历史、文化、艺术和工程技术于一体，至今仍对建筑和艺术领域有着巨大的影响。

造桥是不简单的，桥梁历来被视为技术一族，非桥梁建设专业人士的普通大众对于桥的认知更偏重于工程技术。同时，桥梁具有高度公共性，是真正的公共建筑，任何人都可以使用它，它与人们的生活息息相关。因此，桥梁能够加强人们的地域认同感，代表了这个地区的个性和精神。布鲁克林大桥的设计者罗布林曾建议："公共建筑应当起到提高公众鉴赏能力的作用，让桥梁之类的结构物来唤起人们的美感"。布鲁克林大桥的设计正是体现了这一原则，布鲁克林大桥是现代结构的桥梁，桥塔的造型却是古典拱门式；通过将经济（减少用料）及美观（扶壁形式）融为一体，将技术观点和美学观点结合了起来；仿照中世纪建筑的形式，在视觉上给人以强烈的感染力。布鲁克林大桥体现了大型结构工程特有的一种新的艺术形式——结构艺术，"形式服从功能""少就是多"等理念正是桥梁工程设计发展的方向，此时的桥梁基本以简洁的姿态耸立在各种水域之上。在很长一段时间里，作为工业文明、经济科技实力和财富增长的一个象征，人们在桥梁建设中不断修建超大跨度桥梁，通过不懈的努力，不断突

布鲁克林大桥与城市融为一体，卓健骅摄

破技术的极限,修建跨度越来越大的桥梁,来展现人类驾驭自然的力量。

著名桥梁专家茅以升先生曾经说过:桥是科学、文化和艺术的创造,是一国文化的特征之一,是代表文化的一种物质建设。所以,桥梁文化,不仅仅可以看出一个国家的文化,也可以看出一个民族的精神和自信。布鲁克林大桥代表的是纽约的故事和精神。所以,作为游客,来纽约一定别忘了慢慢地走一趟布鲁克林大桥!

法国

12

亚历山大三世桥：
巴黎最张扬耀眼的桥

巴黎的塞纳河上共有 36 座桥，这些桥各有各的历史和故事，其中著名的桥梁就有好几座。但要说起巴黎最华丽、最张扬、最耀眼的桥，那就非亚历山大三世桥莫属。虽然说论排名，亚历山大三世桥在名桥荟萃的巴黎难以挤进前三甲，但抵不住它长得实在漂亮，整座桥看上去金碧辉煌，而且所处的位置又实在得天独厚，使它不仅成了塞纳河 36 座桥里在各类影视作品中上镜率最高的一座，还是最受世界各地游客喜欢和到访参观最多的一座桥。对于到巴黎旅游的中国游客来说，极少有人没有游览过亚历山大三世桥。

亚历山大三世桥．李茜摄

亚历山大三世桥是一座单跨全金属结构的拱桥，跨度 107 米，建成于 1900 年巴黎世博会前夕，并于博览会前启用。1896 年 10 月 7 日，大桥由俄国沙皇尼古拉二世和法国总统弗朗索瓦一起奠基,作为当时法俄友谊的象征,是当时的沙皇尼古拉二世赠送给法国的礼物,并以尼古拉二世的父亲亚历山大三世的名字命名。大桥坐落于香榭丽舍大街附近的塞纳河上,将塞纳河北岸的大小皇宫、协和广场及香榭丽舍大街和南岸的巴黎荣军院区域连接起来。亚历山大三世桥是巴黎相当著名的景观和游人聚集的地方,也是步行游览这一区域名胜古迹时的必经之路。

装饰精美的大桥和北岸的大、小皇宫遥相呼应,李茜摄

亚历山大三世桥造型优美,由于桥的位置特殊,为了不影响两岸的景观,大桥的弧形桥拱及桥身设计建造得非常低,桥面与两岸的路面几乎在同一高度上,40米宽的桥面非常宽阔。两端桥头入口处的两侧各建有一座17米高的大理石桥塔,桥塔上雕有精美浮雕,塔顶分别设有象征着科学、艺术、工业与商业的青铜镀金飞马雕塑。金色雕塑流光溢彩,栩栩如生,散发着磅礴的气势,飞马振翼欲飞,旁边各有一位女神勒住飞马的缰绳,一侧塔上的两位女神是农业女神和艺术女神,另一侧塔上的两位女神是战斗女神和战争女神。四座桥塔的基座上各有一座代表法国历

史上某个强盛时期的大理石雕塑:查理曼的法国、文艺复兴的法国、路易十四的法国和当代法国。

桥塔顶上的飞马就是希腊神话中的珀伽索斯(Pegasus),是美杜莎与海神波塞冬所生之子,以银白色飞马形象示人,它舒展银白色的羽翼翱翔于浩瀚星空,身形俊美而优雅,是文艺、科学女神缪斯的守护伙伴。

左 | 宽阔的桥面直通巴黎荣军院广场,李茜摄

右 | 农业女神与飞马雕塑

大桥的艺术风格是当时流行的布杂艺术风格(Beaux-Arts),它是一种混合型的建筑艺术形式,参考了古罗马、希腊的建筑风格,强调建筑的宏伟、对称和秩序性。桥栏杆是雕琢成花瓶状的汉白玉,桥栏上有精致的金色装饰图案,桥上有狮子和孩子、仙女、精灵与鱼和贝壳的精美雕塑,桥身两侧装饰有水生动植物与花环图案雕塑,一侧桥身外侧的正中位置装饰有圣彼得堡的城徽及象征俄国的涅瓦河仙女雕塑,另一侧桥身正中则是巴黎城徽及象征法兰西的塞纳河仙女雕塑,她们头戴金色花环,手持权杖,倚靠着桥栏,端坐于桥沿上,俯视着塞纳河以及河上的行船游人。

桥上 32 座做工精致、装饰华丽的金属灯架属于新艺术派风格，座座精美，以自然的曲线为特色。花朵状灯具既活泼又漂亮，其中靠近桥头的第一座灯架尤其漂亮，装饰有神态各异、活泼可

桥身一侧装饰雕塑

爱的一组小天使雕塑，更显得灯架多姿多彩。灯架上还雕刻了很多象征水中生物的装饰元素，呼应着大桥装饰的主题，其华丽的造型和色彩非常惹人注目，极其精美。

这座全身装饰着各种艺术风格的桥灯、天使、精灵、仙女和飞马的大桥，无论是晴天还是阴天，整日里都金光灿灿，美不胜收，你想不注意到它都办不到。从塞纳河的游船上或者埃菲尔铁塔上就可以清楚地看到它，在众多桥中它很好辨认。在亚历山大三世桥上漫步，很难不被其华丽精美的装饰雕塑及迷人的灯饰所吸引，驻足桥上，远眺塞纳河两岸风景与远处的埃菲尔铁塔，又是另外一番充满魅力的景象。

很多年轻情侣喜欢在亚历山大三世桥上拍摄婚纱照。巴黎的每座桥几乎都会有关于爱情的传说，华丽的亚历山大三世桥更不

左｜装饰华丽的桥灯，李茜摄

右｜华丽的桥碑，李茜摄

桥上是拍摄埃菲尔铁塔的好地方，李茜摄

例外。传说只要相爱的情侣坐上游船，从亚历山大三世桥下经过，就会幸福美满地在一起生活一辈子。不管这个传说是真是假，如果你来巴黎，建议你乘游船在塞纳河上游览一次，并记得在船驶过亚历山大三世桥时抬头仔细观赏，一定会给你带来意外惊喜的。

加拿大

13

加拿大魁北克大桥：
最壮丽的悬臂桥与闻名于世的"工程师之戒"

如果你到加拿大魁北克旅游，在通过圣劳伦斯河上一座悬索大桥的时候，一定会看到旁边那座非常特殊的桥梁——魁北克大桥。

魁北克大桥是一座悬臂桥，全长 854 米，中跨 549 米，两端悬臂各长 171.5 米，中间孔长 206 米。从形状看，桥跨对称布置。桥墩上的钢桁架呈枣核形，中间高大，两端延伸方向逐渐减小，中间的钢桁梁挂在两边的悬臂端上，边墩是锚墩，平衡悬臂梁上的荷载。

悬臂桥可以通过两端巨大的悬臂，加上挂梁，扩大桥梁跨度。但是随着桥梁技术的发展，斜拉桥、悬索桥受力更加合理、更加节省材料、便于施工，且有更大的跨度发展空间，现代桥梁中已经很少新建悬臂桥了。因此魁北克大桥始终是世界上最大跨度的悬臂桥，也是世界桥梁建造史上著名的失败工程案例。

魁北克大桥于 1900 年 10 月开工建设，1905 年 7 月开始上

魁北克大桥，奇光摄

左 | 魁北克大桥钢梁,
奇光摄

右 | 魁北克大桥枣核型
钢桁架,奇光摄

部结构施工。1907 年 6 月,在架设过程中,工人发现一些弦杆发生明显变形,以至于杆件与连接板钉孔错位,影响到铆钉正常穿过。这些情况被上报以后并没有得到桥梁总工程师的重视,直到 1907 年 8 月 29 日,大桥轰然倒塌,南跨 19000 吨钢材在 15 秒内全部落入水中。桥上 86 名施工人员,仅 11 人幸存。事故调查认为,最重要的问题是设计出现根本性错误。

当时担任魁北克桥梁公司的总工程师因为没有建造跨度超过 90 米的桥梁的经验,特别邀请美国著名的桥梁专家库珀负责桥梁设计并监理。为了建造当时世界上最大跨度的悬臂桥,库珀将原设计跨度从 488 米增加到约 549 米,但是荷载却没有重新计算。发现错误以后,库珀按照应力增加 7% 进行估算,而且拒绝其他工程师对计算进行复核。实际上桥梁自重增加了 18%,可见,库珀对自重估算严重不足。如果当时不是过度依赖权威,认真对增加跨度后的荷载进行复核,最起码构件应力超过极限值的情况就不会发生。

调查委员会还对受力最大的压杆进行了 1/3 比例模型试验。结果发现试验中先是铆钉受剪破坏,然后结构体系迅速被破坏,弦杆屈曲。研究结论认为:弦杆强度不足;组合杆件连接强度不够,

魁北克大桥垮塌后的照片（媒体图片）

无法形成整体受力单元是造成杆件破坏的主因。

当然，工程管理方面的漏洞也是显而易见的。工程没有完善的管理体系，赋予不能到现场的库珀所有技术问题的最终决定权。当工人发现了问题以后，如果有人在现场当机立断下令停工，也不至于造成桥毁人亡的重大事故。总结了桥梁垮塌的教训以后，魁北克大桥重新设计，受压构件截面积是原截面的 2.3 倍。

1916 年 9 月，桥梁重启施工以后两边的桁架顺利架设。长度 195 米，重量超过 5000 吨的中间桁架也拼装完成，由驳船运至桥位，由四个液压千斤顶按照每步 60 厘米提升，将此节段提升 46 米，放置在悬臂梁上，桥梁就可以合拢。然而，中间段吊至 9 米时，一个吊点突然断裂，整个吊装系统失衡，中间梁跌入河中，又一次惊心动魄的事故夺去 13 名工人的性命。这一次事故是吊点连接细节强度不够造成的。

如此命运多舛的魁北克大桥直到 1917 年才竣工通车。17 年的工期，两次惨痛的重大事故，88 条生命，给全世界工程界敲响警钟。加拿大七大工程学院联合出钱将倒塌的桥梁残骸全部买下，准备把它们打造成戒指，发给每年从工程学院毕业的学生。后来虽然材料没有用原来的钢材，但是戒指设计成扭曲的钢条形状，以警醒每一位将参与工程建设的学生。这就是工程界举世闻名的"工程师之戒"。1970 年，这座大桥旁边又建设了新悬索桥。1996 年 1 月 24 日，魁北克大桥成为加拿大国家历史遗址。

在魁北克大桥建成前的 1890 年，英国爱丁堡城北福斯河上已经建成了一座雄伟的悬臂桥。福斯桥是一座三跨连续铁路悬臂桥，主跨 519 米。悬臂各长 206 米，中间悬跨 107 米。锚住悬臂梁的是钢管构成的梯形塔架，顶宽 10 米，底宽 36.6 米，铁路高出水位 47.8 米。伸臂部分主要受力结构为倾斜梯形桁架，通过钢管斜撑和平纵连接系，把梯形桁架和塔架连接在一起，形成无与伦比的巨大纺锤形，具有非常强大的抗风能力和承受铁路荷载能力。福斯桥的建造历时 7 年，1890 年 4 月 13 日英国国王爱德华七世亲自将最后一颗金铆钉钉在桥上，宣布英国桥梁史上一座伟大的里程碑式建筑落成。该桥通车至今已经超过 130 年，仍然有客货列车运行，真正实现了"百年大计，质量第一"。上百年来，这座桥始终是世界第二跨度悬臂桥，也是英国工程师的永远的骄傲。2015 年，该桥入选世界文化遗产名录。

苏格兰福斯桥
（媒体图片）

福斯桥建成 7 年以后，清朝大臣李鸿章出使英国，看到福斯桥赞叹不已，当时也想在中国的渤海湾建造一座类似的桥。后来，由詹天佑担任总设计师，于 1912 年建成的济南泺口黄河铁路大桥，也是一座悬臂桥。虽然没有那么大跨度，但在当时的亚洲也是一件引起轰动的事情。

两座结构形式类似的桥梁，分别是世界第一跨度和第二跨度的悬臂桥。一座在建设过程中两次垮塌,成为"工程师之戒";另一座骨架结实坚挺,运营130年成为世界文化遗产,带给世人的经验与教训是非常深刻的。这里强调的不仅是责任心,更有严谨的科学态度、严格的工作程序、不仰仗权威、坚持独立思考、及时处理现场发现的问题的大局观,这些都是非常重要的。

黑山

14

塔拉河峡谷大桥：
电影《桥》中的桥与故事

地处巴尔干半岛的黑山共和国面积仅有 1.38 万平方千米，人口 62.2 万。在这个不大的国土上有 4 个项目被列入世界遗产，其中最令人向往的是杜米托尔国家公园，1980 年入选《世界自然遗产名录》，内容包括杜米托尔峰和塔拉峡谷。

杜米托尔国家公园

塔拉河发源于雪山冰川，塔拉峡谷是欧洲最深的峡谷，全长 82 千米。沿峡谷行走，两侧是欧洲最后几处原始黑松林之一。覆盖山坡的森林中有珍禽异兽出没，还有大片茂密的原生植物群落以及品种珍贵的动物。

峡谷中游有一座雄伟壮丽的塔拉河峡谷大桥，它是一座公路桥，建于 1938—1940 年，设计师米亚特斯·特罗亚诺维奇，建筑师安东诺维奇。桥梁全长 365 米，主桥为五跨钢筋混凝土拱桥，最大的拱在桥梁左岸，跨度 114 米。由于峡谷奇深，拱桥有几跨支撑在梯形高墩之上，由于连续拱的特点是相邻两拱的横向力互相抵消，高墩主要承受竖向荷载。而主跨左岸拱脚则坐落在悬崖峭壁之上。这座大桥建成时是欧洲最大的公路混凝土桥梁。

塔拉峡谷

这是一座跨越深谷的桥梁，桥面距水面高度有172米。站在大桥上往下看，陡峭的悬崖、深邃的峡谷、湍急的流水令人不寒而栗。在如此陡峭的地方建桥是非常不容易的，需要搭建又高又结实的支架，才能完成立模、绑扎钢筋、浇筑混凝土等各个环节的工作。从主桥建造图中可以看到，完成两个桥台的浇筑以后，建造者在塔拉峡谷立起了高141.25米、底宽12米、顶宽6米的钢架。想象一下，在相当于40多层楼高的地方作业，是一个什么样的场景？有了这座大桥，两岸隔谷相望的村庄之间，天堑变通途。1942年第二次世界大战时，为阻止德国军队行动，刚刚建成两年的桥梁被游击队炸毁，1946年大桥得以重建并保留至今。

中国人到黑山旅游几乎都要到杜米托尔国家公园和这座大桥。因为20世纪70年代，中国放映了一部南斯拉夫电影《桥》。内容讲的是第二次世界大战接近尾声时，一小队南斯拉夫游击队

塔拉河峡谷大桥

第一篇 国外名桥：别人家的风景 | 113

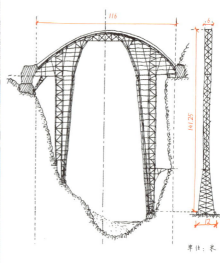

左｜悬崖绝壁上的桥梁
右｜塔拉河峡谷桥建造时的脚手架

员为阻止德军汇合，用七天时间解救建桥工程师，并炸毁桥梁的故事。在这个过程中几位战友牺牲，游击队前仆后继完成了任务。电影插曲《啊，朋友再见》在中国十分流行，那个时代的中国人几乎都会唱。电影与真实历史略有出入，比如历史上桥是1942年被炸毁的，电影中改编为1944年。电影中的英雄"老虎"原型名字叫博日达尔·祖季奇，生于1915年，1941年在"二战"中牺牲，是一位真正伟大的民族英雄。大桥桥头侧面矗立着他母亲为他立的雕像，雕像下是母亲为儿子写的诗。诗的大意是"你是整个民族的英雄，这座桥、这条河会一直记住你的名字"。参与大桥设计和建造的工程师名叫拉扎莱·亚乌克维奇。在他的指点下，游击队把炸药放在桥梁最薄弱的位置，使大桥成功炸毁。两个月后这位工程师被德国人逮捕并惨遭杀害。

英国"二战"题材电影《纳瓦隆突击队》中也多次出现过这

塔拉河峡谷大桥施工照片

座桥和炸桥的场面,可见这座著名的桥梁因跨越深山峡谷、雄伟高大,受到了艺术界的高度关注。

博日达尔·祖季奇雕像

15 美国

美国塔科马海峡大桥：
桥梁空气动力学研究的起点

到美国西雅图旅游，我们专程开车去看了一座桥——塔科马海峡大桥。这里有两座平行的三跨钢桁架梁悬索桥。蓝天白云下，海水波光粼粼，野鸭排队在桥下穿行，两座雄伟的大桥并排屹立在海峡上，连接隔海峡相望的塔科马县和皮尔斯县。

塔科马海峡大桥全长（含引桥）1822米，主跨853米，通航净空高57米，两座并行的桥梁分别承载上行、下行交通。西行桥桥塔是钢塔，1950年通车，至今已有70多年的寿命，东行桥桥塔是混凝土塔，2007年通车，桥龄较年轻。

两座并行的悬索桥

如今，塔科马海峡大桥在美国大跨度桥梁中排名第五，东行桥是美国少有的收费桥。然而，现今巍然屹立的两座桥并不是这里最开始建造的桥梁。

塔科马海峡大桥最初建成于1940年6月底，7月1日通车。那是一座梁高2.4米，宽11.9米，主跨853米，主桥长1524米的钢板梁悬索桥。建成以后桥梁在微风情况下就会出现晃动，当地人曾经幽默地叫它"舞动的格蒂"。但是人们仍然相信，结构强度足以支撑大桥，并未介意。直到4个月后的11月7日，大桥发生大幅度扭曲与晃动，而且越来越剧烈，直到梁部扭曲撕

塔科马海峡大桥

裂,扯断吊索后落入海中。一位驾车人刚好在桥上,他发现桥梁剧烈晃动、严重倾斜,他无法控制车辆于是赶紧弃车,连滚带爬地逃到安全地带,看着自己的轿车随桥舞动,坠入大海。更为珍贵的是,一位照相馆的老板就在桥边,间断地拍摄下桥梁从振动到垮塌的惊心动魄的过程,这成为以后研究桥梁事故原因的重要资料。

桥梁垮塌以后,州政府邀请各路专家对事故进行分析,力图尽早重建桥梁。根据气象记录,桥梁垮塌时的风速约为19米每秒,相当于8级风。在风的分级中属于大风,远远没有达到暴风或飓风级别。专家们普遍认为桥梁设计缺陷是最主要的原因,但确切的原因并不明了。有空气动力学专家提出风致振动的概念,于是在加州理工学院进行了桥梁模型的风洞试验,观察结构在不同风速状态下的表现。这样的研究持续了几十年。大量研究实验证明,颤振是桥梁垮塌的主要原因。

颤振是一种弹性结构的自激振动,是一种复杂的气动不稳定现象。弹性结构在气流中受到空气动力、弹性力、惯性力耦合作

左 | 第一座塔科马海峡板梁桥

右 | 垮塌时的塔科马板梁桥

用时产生振动，振动的结构从气流中吸收能量，得到负阻尼，使得结构振动发散性地扩大，这就是颤振。研究表明桥梁有扭转振动和弯扭耦合振动，在一定风速条件下容易产生颤振。对于塔科马海峡大桥来说，由于经费问题，将横截面比较大、横风流动通畅的桁梁桥改成单薄的板梁桥是极大的错误。桥梁的抗扭刚度因此大幅度降低，迎风面有钝边，更加容易引起由横向风导致的桥面振动。

在塔科马海峡大桥被破坏之前，空气动力学、气动弹性力学的研究主要用于航空领域，经过这一次桥梁毁坏的教训，产生了一门学问叫"风工程"，专门研究结构物的抗风稳定性，涉及的领域有桥梁、高层建筑、抗风挡墙、高速列车等。现如今，全世界的大跨度桥梁在建造前都要进行抗风稳定性设计，桥梁的横断面需要做节段模型风洞试验，还要进行全桥模型风洞试验，以检验设计的可靠性和合理性。我曾有幸观察过我国的全桥模型风洞试验，亲眼见证过桥梁颤振引起破坏时，那惊心动魄的场景。各国的抗风设计规范也制定了相关的标准。

由于要科学地分析和研究第一座塔科马海峡大桥垮塌的原因，重建的第二座塔科马海峡大桥10年后（1950年）才建成通车,被称为西行桥。57 年以后的 2007 年,第三座塔科马大桥建成通车,被称为东行桥。

新建的桥梁虽然与原桥跨度相当,但不是复制旧桥,而是一座独立设计的桥。钢梁采用正交异性板加劲梁,三角形桁架节点外用高强螺栓拼接等新技术。桥塔采用了钢筋混凝土塔。新桥全长 1646 米,主跨 853.5 米,边跨分别为 365.8 米和 426.7 米。钢梁高 7.2 米。桥面有三条车道,其中一条为重载车道,还有自行车和行人共用道,钢梁下层还有包括维修道在内的三条车道,并预留了轻轨的位置。

主塔高 155 米,为预应力钢筋混凝土材料制作,横截面为单箱、单室,每个角用角钢加固。主缆由 19 股钢绞线组成,每股由 464 根高强镀锌钢丝组成,每缆直径 5.21 米。

新桥设计风速采用 100 年重现期风速,且不小于 40.7 米每秒。满足正常功能地震烈度为 100 年重现期,极限安全评估烈度重现期为 2500 年。两座并行悬索桥间距只有 55 米,风场环境变得更加复杂,于是在加拿大 9.4 米×9.4 米风洞中进行了 1:211 比例的并行桥气动弹性模型试验,模型全长 7.22 米。试验证明,两桥并行不会因风场影响到桥梁的稳定性。

由于塔科马海峡大桥桥址水文条件独特,400 平方千米的海峡,每天两次潮汐,流量达 12 万立方米,流速达 3.7 米每秒,

新建的塔科马海峡大桥跨度与主体结构

而新旧桥基础间距只有 20 米，两桥沉井还呈 15 度夹角。考虑到水力学行为的复杂性，设计团队选择用计算机二维模型进行模拟计算，还在 60 米水槽中进行冲刷模拟试验。其中潮汐模拟时，运用过去 100 年收集的数据分析得到潮汐周期，还用多普勒流速仪对计算模型进行校验。

桥址附近属于地震高发区，当时运用了美国最先进的地震分析方法，分析沉井、桥塔和上部结构在频繁地震荷载作用下的有效受力行为，对照规范相应设计标准，基于性能目标，提出不同的抗震方案。可见，新桥建设运用了多种科技手段来确保桥梁安全。

当我们站在伟大的工程面前，不能忘记过往的教训，更要学习如何面对一项失败的工程，进行专业化的科学分析、模拟试验，抱有积极探索、不断进步的科学精神。那位在危险的时候，忠实记录事故场景的摄影师也特别令人敬佩。

并行的两座桥的钢梁

第二篇 | 我国古代名桥：
天上有彩虹，人间有长桥

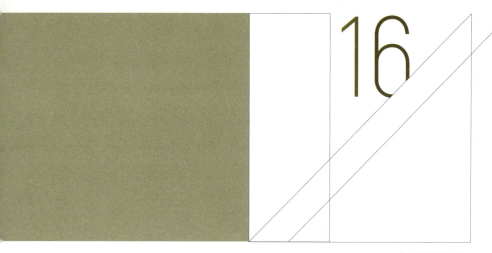

16

赵州桥:
世界桥梁史上的耀眼明珠

中国的石桥,最著名的当属赵州桥,这是我们小学课本里就接触过的桥,对所有人来说都不陌生。赵州桥是中国四大古桥里最有名的一座,大名安济桥,小名大石桥,"赵州桥"其实是别称,但却最为人熟知。它坐落在河北赵县的洨河上,桥长 50.82 米,宽 9.6 米,单孔无桥墩,跨径 37.02 米,建于 595—605 年,由著名匠师李春设计建造,距今已有 1400 多年的历史。赵州桥是当今世界上跨度最大、现存最早、保存最完善的古代单孔敞肩石拱桥,在世界桥梁史上有着里程碑式的地位,也是美国土木工程师学会选定的"国际土木工程历史古迹"之一。著名桥梁专家茅以升先生曾在《桥梁史话》中,将赵州桥誉为"全世界桥梁史上的一座最突出的桥"。

中国古代桥梁的辉煌成就在世界桥梁发展史上有着重要地位。世界有名的桥梁多式多样、结构各异,设计理念都是顺应自

赵州桥

然建造，别具一格。赵州桥是中国最有名的古桥，是当时世界上跨度最大的敞肩圆弧拱式石拱桥，它对世界桥梁发展的重大贡献与它的各项技术创新是分不开的。它的设计一改过去实腹式拱桥的臃肿，首次采用拱上拱的敞肩拱形式，开创新式拱桥之先河，主拱设计古朴流畅，形态优美，副拱小巧玲珑，优雅别致，桥栏雕刻精美，古色古香。拱桥本身具有较好的稳定性，桥主拱两侧各叠加两个小拱，既利于泄洪，又节约了石材，减轻了桥本身的重量，使桥梁在结构上更加坚固稳定。桥梁的设计也充分利用了地理环境的优势，圆弧拱利于跨越较大跨径，桥面宽阔平坦，与桥两端的路面连接极为平顺，平缓的桥面便于车马上下，通行能力很强。对于石拱桥，西方采用圆弧拱和大拱上叠小拱的结构都是在14世纪后才出现的，晚于赵州桥六七百年。赵州桥以古代桥梁中最大的跨度和卓越的建桥技术，当之无愧地成为我国古文明的象征之一。

拱桥是以承压为主的结构，也是广受人们喜爱的桥梁形式，它的力学美主要表现在拱桥的拱券上，拱券的高低、大小和厚薄直接影响了它的力学美感。石材抗压强度高而抗拉强度很低，适合建造拱桥这种以承压为主的桥梁结构。在生活中，任何物体受到外力后，内部都会产生抵抗力，这种抵抗力分为压力、拉力和剪力。而支承物体的地方就会产生反力，分为垂直方向上的反力和水平反力，也就是推力。如图是拱桥的受力示意图。

赵州桥首创的敞肩拱形式，是石拱桥建筑史上的里程碑，开创了石拱桥的一个新时代，由此带来了拱桥的轻盈之美，对后世的桥梁造型艺术影响深远，现代的许多钢筋混凝土桥的桥型就是受其启迪形成的。这种敞肩拱技术代表了当时世界上最先进的建

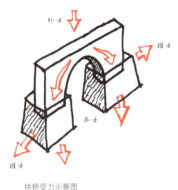

拱桥受力示意图

造水平。那么什么是敞肩拱呢？拱肩其实就是指在拱桥的主拱弧形拱左右外侧的三角区域，这里好比人的肩膀，敞肩就是拱肩上是空的、敞开的。什么意思呢？就是在主拱的两肩部位添加小拱，形成大拱上叠小拱的结构，这种形式就叫敞肩拱。如果拱桥的拱肩上没有小拱，称为满肩拱或者实肩拱。赵州桥在主拱的拱肩上各建了两个对称的小圆弧拱，形成一个大桥孔和四个小桥孔。这种设计在建桥史上是一个创举，符合结构力学原理，除了减轻了桥的自重并减轻桥基负担以外，最重要的是还能增加16.5%的排水面积。平时，河水从主拱桥孔流过，在雨季洪水暴发时河水还可以从四个小桥孔流过，从而减轻了流水对桥身的冲击力，使桥不容易被大水冲毁，延长了桥梁的寿命。

古代的石拱桥以半圆拱为主，这种设计方式简单，但圆的半径在各处是相等的，跨度较大时桥拱的高度就会很高，整座桥就

赵州桥拱券

会变得十分陡峭不利于通行。赵州桥为单孔圆弧拱拱桥，河心不设桥墩，跨度大，桥拱较平，拱高和跨度之比约为 1∶5，这样就实现了低桥面和大跨度的双重目的。主拱的两端拱肩各有两个小拱伏在主拱上，小拱净跨为 2.85 米和 3.81 米。桥面两端宽中间窄，拱顶宽 9 米，拱脚宽 9.6 米，桥体由 28 道并列的拱券砌筑而成。为了加强各道拱券间的横向联系，使 28 道拱券组成一个有机整体，连接紧密牢固，建造赵州桥时采用了一系列技术措施：第一，采用"下宽上窄、略有收分"的方法，使每道拱券向里倾斜、相互挤靠，防止拱石向外倾倒，两侧各道拱券微微向内收拢后，将整座桥联成一体，同时使桥体对于桥台基础的沉降变形有很大的适应能力；桥的宽度上也采用了"少量收分"方法，从桥两端到桥顶逐渐收缩桥宽度，加强桥的稳定性。第二，在主拱上沿桥宽方向均匀设置 5 个铁拉杆，穿过 28 道拱券，每个拉杆的两端有半圆形杆头露在石外，用以夹住 28 道拱券，将它们连接成一个整体；同时，4 个小拱上也各有一根铁拉杆起同样作用。第三，在主拱靠外侧的拱券面上和两端小拱上盖有一层横向石板作护拱

护拱石及连接拱石的腰铁

石，以保护石拱；在护拱石的两侧设有勾石6块，勾住主拱石使其连接牢固。第四，为使相邻拱石紧密贴合，在主孔两侧外券相邻拱石之间设有起连接作用的"腰铁"，各道拱券之间的相邻石块也都在拱背设有"腰铁"，把拱石连起来；每块拱石的侧面凿有细密斜纹以增大摩擦力，加强各拱券横向联系。这一系列技术措施，很好地解决了并列各道拱间横向联系不紧密、有可能向外倾翻、缺乏整体性的问题。桥的设计理念完全符合现代的科学原理，结构合理，施工技术也非常精湛。后人归纳认为，赵州桥曾拥有六项世界第一，充分体现出我国古代桥梁技术的先进和建造者的智慧，是古代桥梁的杰出代表。

赵州桥以当地产的质地坚硬的青灰色砂石为石料，施工时采用纵向并列砌置法，就是整个大桥由28道各自独立的拱券沿桥宽度方向并列组合在一起，每道拱都可以独立站稳并单独受力，而且每道拱独立砌置，分开制作，可以灵活地针对每一道拱券进行施工。每砌筑完一道拱券后，只需移动模版（施工时用以将结构筑成固定形状的模具）就可继续砌筑另一道相邻拱。这种砌置方法便于修缮，非常方便日后桥梁维修，如果某道拱券的石块出现损坏，只需要替换成新石，而不必对整个桥进行修整。联想一下前面我们介绍的古罗马建造的法国嘉德水道桥，其桥拱也是利用这种施工方法建造的，古代劳动人民的智慧和建造技艺不得不让我们佩服至极。

现代勘测结果表明，赵州桥所处场地地层分布稳定，地基土主要以密实的粉质黏土为主，中间有粉土和砂土夹层，属良好天然地基，是修建这种特大跨度单孔桥梁的比较理想的场地。赵州桥在河中不设桥墩，一跨过河，其桥台为低拱脚、浅基础的短桥台，

精湛美丽的桥栏石雕

桥台长约 5 米,宽为 9.6 米,高 1.56 米,由五层条石平铺砌筑而成,每层较上一层都稍出台。桥台直接建在岸边天然砂石地基上,用专业的话说这叫做扩大基础,质量为 2800 吨的赵州桥,就这样稳稳地支撑起来,令人难以置信。所以,合理选址也是赵州桥成为千年古桥的一个重要原因。1000多年来，赵州桥经历过10次特大水灾，8次战乱和多次地震，包括邢台大地震和唐山大地震。至今赵州桥依然完好地矗立在洨河之上，特别是承受住了多次大地震的考验。

赵州桥不但坚固，而且美观。桥面两侧各设21块石栏板和22根望柱，主拱顶部的桥檐上有吸水兽、八瓣莲花的浮雕作点缀，寄托人们希望大桥不受水灾的美好愿望。桥栏板望柱上雕刻有各种惟妙惟肖的图案，有"斗子卷叶"和"飞龙嬉戏"等，雕刻非常精美，神形兼备活灵活现，刀法苍劲有力，艺术风格比较豪放，显示了隋代浑厚、严整、俊逸的石雕艺术风格，使得桥梁达到"初月出云，长虹饮涧"的效果，这些精湛的石雕艺术珍品，代表了隋唐石雕艺术的精华，具有较高的艺术价值。赵州桥上的石栏板，

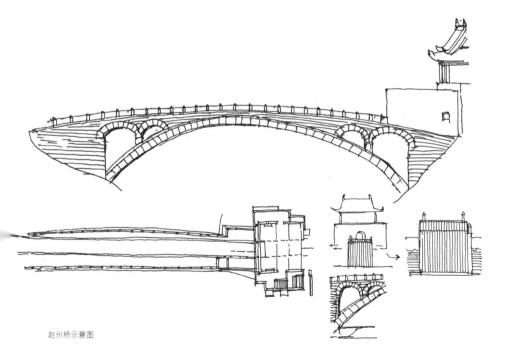

赵州桥示意图

现在已是复制件，原件已经被替换下来收藏在博物馆里，其中有一块就收藏在中国国家博物馆。

收藏在中国国家博物馆的桥栏板

关于赵州桥的设计建造，根据史料记载，可以确定是隋代著名工匠李春主持设计建造的。唐代张嘉贞《安济桥铭》中有记载："赵郡洨河石桥，隋匠李春之迹也。"李春是隋代著名的桥梁工匠，自幼好学，对桥梁建筑研究颇深，一生设计过很多桥梁，只是没有被很好地记载。长期丰富的实践经验让李春形成了自己独特的建筑设计思想，他担任总设计师，率领能工巧匠李通等人建造了赵州桥，设计建造过程中采用了一系列的创新技术，创造了世界桥梁史上的敞肩拱学派，成就了跨越千年的建筑奇迹。赵州桥不仅是古代桥梁建筑的一项成就，还代表了工程技术的最高成就、科学的最高成就和艺术的最高成就。英国科学家李约瑟在其《中国科学技术史》一书中曾盛赞中国古代的建桥技术，他认为李春设计建造的赵州桥创立了一个新的学派和风格，并延续了数世纪之久，其敞肩拱桥的发明是后来的钢筋混凝土桥的祖先。

赵州桥也是有故事的，古老的赵州桥具有富含神话色彩的文化内涵。在燕赵大地上，有一首民间广为流传、脍炙人口的河北民谣《小放牛》，就是根据赵州桥的传说故事所改编的。这首《小放牛》的部分歌词是这样的：

> "赵州桥什么人修？
> 玉石栏杆什么人留？
> 什么人骑驴桥上走？
> 什么人推车压了一道沟？
> 赵州桥鲁班爷爷修，
> 玉石栏杆圣人留，
> 张果老骑驴桥上走，
> 柴王爷推车压了一道沟。"

这首民谣唱的就是在民间广泛流传了一千多年的关于赵州桥的神话传说。赵州桥精湛的技艺令人惊叹，因此民间也就诞生了有关赵州桥建造的神话故事。相传在古时候，洨河流域经常洪水泛滥，为了让两岸人民免受洪水之苦，鲁班爷在一夜之间建起了赵州桥，惊动了正好经过这里的"八仙"之一的张果老和天财星君柴王爷。张果老便问鲁班，他造的赵州桥能否承受他们二人同时过桥？鲁班对自己造的桥很有信心，便邀请二位神仙过桥。于是，张果老骑着毛驴，在驴背的褡裢里装着太阳和月亮，柴王爷则推着独轮车，载着五岳名山一起上了桥。桥顿时被压得吱嘎作响，摇摇欲坠。鲁班一见情况不妙，急忙跳进河中用双手使劲托住桥身，这样才使两位神仙顺利过桥，而过桥时柴王爷因过于紧张摔了一跤单膝跪地。从此，桥面上便留下了车轮印、驴蹄印和柴王爷的膝盖印，以及鲁班因用力过猛留下的手掌印。千百年来，赵州桥的神话故事通过口口相传以及借着歌谣的传唱流传着，成为脍炙人口的民间故事，而鲁班、张果老、柴王爷的形象也伴随着赵州桥的传说故事深入人心，使它充满了传奇色彩。历代文人墨客对赵州桥也多有盛赞："水从碧玉环中过，人在苍龙背上行""驾石飞梁尽一虹，苍龙惊蛰背磨空……休夸世俗遗仙迹，自古神丁役此工。"

现在，赵州桥作为全国重点文物保护单位，被开发成赵州桥公园进行保护。独一无二的赵州桥是赵县得天独厚的历史文化和旅游资源，景区每年吸引数以百万计的中外游客前来观光旅游。但是赵州桥历史文化的保护修缮工程也遭到了许多业界人士的质疑，因为在保护修复赵州桥的过程中，采用了其他新材料，绝大部分的石料都被更换过，从内部结构到外观，已经对古桥原有面貌造成了改变，没有完全遵循历史建筑"修旧如旧""原真性保护"的修缮原则。另一方面，赵州桥横跨的河流被截断，只留下一小段水面衬托桥的意义，原来的水系和道路都已经改变，赵州桥变成了公园中的一个静态的文物，一座博物馆一样的存在，这种过度的修缮保护很可能会削弱桥梁的遗产价值，没有了原来的水系和道路，桥也失去了意义。1996年由国际遗产保护组织出版的《世界桥梁遗产报告》，专门对桥梁遗产给出了详细评估依据，并对桥梁遗产的真实性和完整性评判标准做出了详细的说明，也提出要考虑桥梁遗产在体现地域精神或地域文化特性方面的无形价值。所以，深入了解研究桥梁遗产体系的构成，能够促进桥梁遗产保护理念的发展，有利于我们对桥梁遗产进行科学保护和利用，也有利于帮助我国的桥梁遗产申报世界文化遗产。在这方面，西方发达国家特别是欧洲一些国家在遗产保护方面的很多做法，值得我们借鉴和学习。

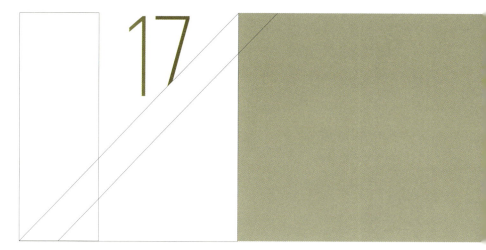

17

洛阳桥：
一座鲜活的古代名桥

洛阳桥不在洛阳,在福建泉州,是位于泉州洛阳江水道上的一座著名的跨海梁式大石桥,曾用名"万安桥",有近千年的历史了,是我国著名的四大古桥之一,也被称为"海内第一桥"。我国历来有北有赵州桥、南有洛阳桥之说,从古代桥梁工程技术来看,它的地位与赵州桥相当。

泉州是我国古代海上丝绸之路的起点,也是我国著名的历史

上 | 泉州洛阳桥
下 | 桥头的桥名石碑

文化名城。那么,泉州的桥为什么叫"洛阳桥"呢?其实,这洛阳桥还真与河南有点关系。据记载,早在唐宋之前,泉州一带居住着越族人,到了唐代初年,因为社会动荡,造成大量中原人南迁,一路迁移到了泉州一带,看到这里的山川地势,很像旧都的洛阳,就此定居了下来,并给这个地方也取名为洛阳。这些中原人,带来了中原先进的农业技术,引导当地人们开垦种植。如今泉州一带的居民,有很多都是早先从河南、河水和洛水一带迁移过来的人,闽南话也被称为河洛语,也是这个缘故。因此,也就有了洛阳江和洛阳桥。

宋代的时候,泉州是当时最重要的海港之一,商贾云集,店铺林立,是重要的货物集散地。当时的洛阳江以"水阔五里,波涛滚滚"著称。宋庆历年间(1041—1048),洛阳江上曾经修建浮桥,但被风浪冲垮了。宋皇祐五年(1053年)至嘉祐四年(1059年),泉州太守蔡襄主持了洛阳桥建桥工程,修桥的银两是由当地官民共同出资,蔡襄卖了家里160多亩地(相当于10多公顷)带头捐资。前后历时6年之久,耗银1400万两建成了这座跨江接海的大石桥。

洛阳桥是中国历史上第一座跨海简支梁式石桥,是古代中国桥梁建筑的杰作之一,桥长834米,桥宽7米,全桥46个桥墩,墩孔净跨8米。桥面全部由巨大的花岗岩条石铺成,每根石梁长10米,宽1米,厚0.8米,重达10吨以上,这个长度已经达到单孔石梁跨度的极限,如果石梁超过这个长度,就可能因承受不了自重而折断,由此可见当时我国造桥技术是很先进的。桥上有500个石雕护栏、28只石狮子、9座石塔,全都是由花岗岩筑成。根据传说,这些数字代表了当时建桥的500个桥工和28个技师。

洛阳桥花岗岩条石桥面

洛阳桥精美的石雕艺术生动展现了古代"石雕之都"惠安的石雕风韵。洛阳桥首创的"筏型基础""浮运架桥"和"养蛎固基"等先进建桥技术，是中国乃至世界建桥技术的创举，见证了中国古代建桥技术的发达。

梁式桥是指用受弯为主的主梁作主要承重结构的桥梁，梁式桥是桥梁的基本体系之一，它包含简支梁桥、连续梁桥和悬臂梁桥等形式，制造和架设都比较方便，使用广泛，在桥梁建筑中占有很大比例。其中的简支梁桥则指一根梁两端分别简支在一个墩台上，各孔梁独立工作不相连续，不受墩台变位影响，是梁式桥中应用最早、使用最广泛的一种桥形。洛阳桥就属于梁式桥中的简支梁桥。

那么什么是"筏型基础"呢？洛阳桥所处位置潮狂水急又遍布滩涂淤泥，没有坚实的基础可以依托。建桥时先用船沿着桥梁中线在江底抛置大量石块，形成矮堤，然后在堤上建桥墩，用条石横纵交错叠砌，铁锭扣合，形成船型的桥基桥墩，尖头用以分水来减轻浪潮对桥墩的冲击。

桥头入口的护桥石塔

为了把数以万计的巨大条石架在桥墩上，蔡襄又发明了"浮运架桥"的施工工法，利用海水的浮力，借助潮涨船高，把一块块重达数千斤的大石梁，托举起来铺在桥墩之间，使洛阳桥渐渐显出了雄伟的英姿。

"养蛎固基"被誉为生物学与建筑学结合的典范。桥墩在激流之中的稳固问题，是当时遇到的难题，为了巩固基石，当地工匠创造性地使用了养蛎固基法，这是世界上把生物学应用于桥梁工程中的先例。即利用浅海区域牡蛎附着于石块表面繁殖生长的习性，在桥墩基石上养殖牡蛎，养殖的牡蛎成为黏合剂把桥墩基石固结成整体，形成了完美的保护层保护了桥基的稳固。因为牡蛎这种稳固桥基结构的作用，历代泉州政府明令禁止在洛阳桥范围摘取牡蛎，蔡襄曾在桥南桥北立下界碑，禁止捕蛎者进入洛阳桥范围。我国著名桥梁专家茅以升曾指出，洛阳桥利用牡蛎垒石的方法，是桥梁史上聪明绝顶的壮举。

船型桥基桥墩

洛阳桥附属文物很多，桥南、桥北保存有 4 尊当年修桥时所立的护桥石将军像，6 座镇风石塔，桥中央的碑亭有 26 方历代修缮桥梁时立的石碑石刻，有明万历年间"西川甘露"碑刻和清道光年间石刻"天下第一桥"横额，亭东侧有"万安桥"及"万古安澜"等宋代摩崖石刻，中亭右侧则为古时祈雨所在。桥南有蔡襄祠，是北宋时为纪念蔡襄建桥的功劳而建造的，修桥人继续

桥面由巨大的花岗岩条石铺成

守护着这座桥。祠中有著名的刻有蔡襄《万安桥记》的石碑,记述了建桥过程,此碑文的文章精炼,书法遒丽,刻功生动,被誉为书法、记文、雕刻"三绝"。碑林则是建桥及历朝历代大桥修缮的碑记。而在北桥头有祭祀海神通远王的昭慧庙。桥头的护桥塔以及护桥的石将军,他们在这里守护了大桥1000多年,保佑了这一方平安繁荣。这一切,都诠释着洛阳桥丰富的人文艺术价值。

关于洛阳桥,还有一个美丽的传说。相传1000多年前,这里还是一个荒村古渡,水深浪急,且有龟蛇两怪兴风作浪,过往船只每遇狂风则船毁人亡。有一日,身怀有孕的蔡襄母亲乘船过江,渡船离岸驶近江心,忽然狂风呼啸,浊浪滔天,眼看渡船就要被掀翻,突然从空中传来一声大喝:"蔡大人过江,休得无礼。"龟蛇闻声慌忙遁逃,霎时风平浪静,渡船安然抵岸。旅客十分惊奇,不知谁是"蔡大人",蔡母心中讶然,便暗自许愿:将来孩子如能成器,定教他在洛阳江上修建一座大桥。蔡母回家后生下蔡襄,待蔡襄长大懂事,蔡母便对他讲当年过江遇险逢生的经过,殷殷叮咛儿子要实现她所许下的造桥夙愿。后来,蔡襄入朝为官,出任泉州太守,为造桥亲自到江边察勘,并得仙人指点和海龙王相助,于是便筹集资金,招募能工巧匠,开始了浩大的造桥工程。百姓闻讯奔走相告,欢呼雀跃,一时工匠四至,开工那一天,江岸人山人海。建桥过程中遇到了

桥中央的碑亭和建桥及
历朝历代修缮碑记

洛阳桥上文物分布图

重重困难,发生了很多感人的故事。蔡襄带领百姓建桥的非凡气魄感天动地,于是得到了八仙之一吕洞宾的帮助,最终洛阳桥得以建成。

作为中国历史上第一座跨江接海的重要桥梁,洛阳桥与古泉州的兴起一脉相承,与宋代泉州的繁荣相互呼应。洛阳桥的建造,实现了泉州港海上贸易品的陆海联运,反映了古泉州城繁荣时期兴盛的海洋贸易活动和发达的工程建造技术。洛阳桥的历史可以说正是一部泉州海上贸易和经济发展的历史。

洛阳桥作为泉州贯穿南北的主要交通设施,历史文献记载其有过多次维护修缮,如明代晋江富商李俊育和僧人正淳的增高

左 | 蔡襄雕塑
右 | 桥栏石雕

大修，泉州知府姜志礼的震后重修，以及 20 世纪 90 年代我国政府的局部性复原维修，1996 年洛阳桥恢复古桥旧貌。

由于近千年间入海口逐渐外移，再加上参观时正值冬季枯水期，我们看到的桥两边都是湿地滩涂，桥墩及桥基上的牡蛎显露无遗。

石桥很有沧桑感，历经千年风雨和 8 级地震仍屹立不倒，现在仍作为步行桥在使用中，没有像一般景区那样围起来收费，也有当地人骑着摩托车通行。这是先人的智慧结晶，千年风韵，它就这样静静地屹立在那里。洛阳桥以其精湛的营造技艺、丰富的历史内涵和极高的艺术价值，与赵州桥、广济桥和卢沟桥一起被誉为"中国四大古桥"，在中国桥梁史乃至世界桥梁史上都占据重要地位。

坐在桥上，汲古思今，看着在这座千年古桥上来来往往的人们，很有种欣慰的感觉，即便千年过去了，这座桥还是和两岸人民的生活息息相关，没有变成博物馆一样的存在，这是一件多么值得庆幸的事情。其实在很多文化积淀深厚的城市都有一座老桥，而每一座著名的老桥都有令人难忘的故事传说，让老桥的故事以及围绕着老桥发生的一切世代相传，生生不息。"站如东西塔，卧如洛阳桥"已经成为泉州人的精神气质（东西塔在泉州开元寺，是我国现存一对最高的宋代石塔），代代口口相传，述说着泉州先民的智慧和精神，谱写了泉州向海而生的辉煌历史篇章。

雄伟壮丽的洛阳桥

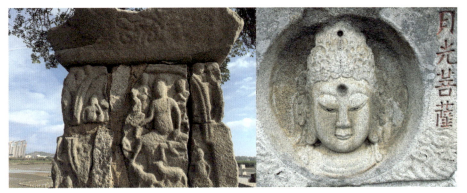

桥头石雕

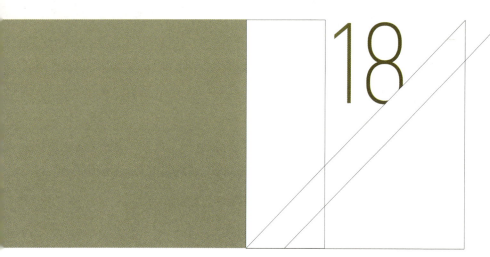

18

婺源彩虹桥：
廊桥的迷人魅力

说起中国的建筑文化，总是绕不开徽派建筑，而廊桥则是整个徽州建筑中最浪漫的建筑。徽州廊桥的兴起可以追溯到宋代，但大量兴建并快速发展则是在明清时期。婺源清华镇的彩虹桥属于现存的宋代廊桥，是徽州廊桥中比较有代表性的一座，被很多媒体称为中国最美的廊桥，也是国内著名的旅游景点。

婺源彩虹桥的迷人美景

廊桥是一种颇有特色的桥，它是一种带廊屋的桥，是在桥面上盖建廊屋而形成的特殊桥梁建筑。这种桥不仅造型优美，还可以遮阳避雨，有供人休息、交流、聚会、看风景等用途，有的廊桥甚至还建有能居住的房间。

有一部著名的电影《廊桥遗梦》，它叙述的是一个发生于美国麦迪逊郡某座廊桥上的爱情故事，这部电影曾多次获奖，名扬全球。这部电影唤起了人们对"廊桥"这种桥梁建筑艺术的关注和喜爱，而廊桥，也与浪漫的故事紧紧联系在了一起。

其实最美的廊桥都在中国。世界各地均有廊桥，但廊桥在中国已有2000多年的历史，汉代已有关于"廊桥"的记载。据资料记载，我国现存的古代廊桥大约有200多座。关于廊桥，历来流传着许多美丽的民间传说,廊桥更有着丰富的历史内涵,文人墨客佳作颇多,各类桥记、题字、楹联、诗赋、雕刻、廊画、书法极其丰富,具有极高的科学、文化、历史、艺术价值,是珍贵的建筑文化遗产。

廊桥在我国的南方不难看到,这可能和南方多雨的气候及廊桥特有的功能有关。这些年来我在国内外看到过的大大小小形态各异的廊桥也不算少,参观这些廊桥的时候天气也大都正下着雨,很应景。不少桥也没留下什么太深刻的印象,看过走过也就翻过了,但婺源清华镇的彩虹桥却给我留下了特别深刻的印象。

彩虹桥位于江西婺源县清华镇的老街边,是中国历史最悠久的廊桥,建于南宋时期(1137年),距今已有800多年历史。彩虹桥的名字取自唐诗"两水夹明镜,双桥落彩虹",彩虹桥是古徽州最长的廊桥,桥长140米,桥面宽6.5米,4墩5孔,是一座由11座廊亭构成的长廊式的木石人行桥。廊桥一般都是在拱券桥面上建廊,但彩虹桥不是。彩虹桥桥面设计得简约实用,

彩虹桥背水面一瞥

为了便于日后维修,整座桥化整为零,每座亭、廊都是独立的。每个桥墩上都建有一个亭,桥墩与桥墩之间以廊相连,形成 6 亭 5 廊的格局。亭略高于廊,从远处看亭廊高低错落有致,韵律感十足,既美观又实用。彩虹桥这种既形成整体又独立的设计非常科学,这样便不会因为一处损坏而影响到整座桥。巨大的桥墩高 12 米,雄浑中透着几分别致,为宋代所建原桥桥墩,全部用长短大小不一的青条石叠砌而成,条石之间砌法讲究,缝隙小,结合得非常牢固。桥墩之间距离不等,跨度最大的为 12.8 米,最小的为 9.8 米,相差 3 米,而这种墩距不等的设计是根据汛期洪水走向确定的。水流量大的地方墩距较大,有利于行洪,水流平缓的地方墩距较小。桥墩设计成船形,迎水一面如利斧,形成"燕嘴分水"破水分流,减轻水流对桥墩的冲击,科学的设计使得彩虹桥几百年历经洪灾而安然无恙。

彩虹桥的桥梁是用四根百年以上的老松树加工而成,架设在两墩之间,上面铺以木板形成桥面。桥面宽度因在桥墩处桥身宽度的不同而形成宽窄变化,从而形成有节奏的空间节点,富有层

彩虹桥巨大的桥墩分水构造

次感。尽管木桥面及亭廊经过多次翻修,但始终能"修旧如旧",维持了古桥原貌,其古朴之韵味浓郁。亭廊全部是木结构建成,且木榫卯连接,屋面为青瓦,简洁朴素。廊内两侧有围栏和坐凳供行人停留休息,亭内设有石凳和石桌供人们喝茶交际、休息观景。全桥没有做什么精致的装饰,而是简简单单,梁柱不做装饰,素面朝天,石头木质,甚至都没有什么雕琢,完全是从经济、结实、耐用、便于维修的理念去设计建造的。结构简单,做工朴实无华,甚至榫头之间的缝隙也比较大,但体现了古朴、厚重的艺术风格。

彩虹桥宛若一道跨越时空的彩虹,是当地人生活中密不可分的一部分。在桥的下游,河水临村落的一边就是村民们洗衣洗菜的地方;桥的另一头,建有一个大型水车和磨坊,利用水能带动水车舂米、磨面;桥头建有长亭,供排队等待水车舂米磨面的人们歇息。彩虹桥已经不再单纯地作为一个交通设施而存在了,它更像是一个生活的空间,是村落外部公共空间重要的组成部分。桥周围景色优美,古村落、青山、碧水、古驿道共同构成一幅绝美的水墨山水画,充满了诗情画意。

彩虹桥是徽州文化不可缺少的组成部分,是婺源的象征,更是婺源的标志性建筑。独特的自然风光和历史厚度,使彩虹桥成为很多影片的外景拍摄地,如《闪闪的红星》《来的都是客》《星

桥上廊亭内景

相互独立的亭廊

桥头磨坊与桥周美景

第二篇 我国古代名桥:天上有彩虹,人间有长桥 | 151

火》《魂牵柳河镇》《梦回青河》等多部影片中都有它的身影。

　　曾经去参观过彩虹桥两次，一次晴天、一次雨天。晴天里明媚的景色衬托着人们的欢声笑语，雨天中的朦胧诗意带着那一丝恰到好处的沧桑伤感，山朦胧，水朦胧，桥朦胧，都透着一种无比美好的意境。彩虹桥是真的美呀！古道廊桥，桥上粉墙亭阁，好像一首隽永的诗，一个绮丽的梦，美得让人不敢相信它是真实的存在。坐在桥上休憩，欣赏四周风光、虫鸣、鸟叫、下雨、流水声、河道、水车、老建筑，河边的花草，河里的小船，以及各种野鸭水鸟，观得各色花草，闻得百鸟鸣唱，一切都显得那么宁静和美好。这种美的享受，让人深深体验到婺源之美的魅力。

　　彩虹桥的名字取自唐诗"两水夹明镜，双桥落彩虹"，彩虹桥是古徽州最长的廊桥，桥头入口处悬挂"彩虹桥"字样匾额，桥内部中间神龛牌位上方挂有"长虹卧波"匾额，字体遒劲洒脱。关于彩虹桥的建造还有一段动人的传说：当年清华村有一位出家

如诗如画的桥头风景

僧人胡济祥与一位能工巧匠胡永班，他们二人决定联手为村民建一座桥，以方便村民出行。于是，胡济祥用三年多的时间云游四海，化缘筹集到了建桥款。然后由胡永班负责设计、建造桥梁，历时四年终于建成。建桥过程中，清华村里的许多乡绅及文人墨客都想给桥取个内涵丰富的名字，但一直没有选出大家满意的。桥即将竣工时正值傍晚，西边的山背上出现了一道亮丽的彩虹，夕阳透过云层的画面倒映在水中，构成一幅美丽的图画。当时胡济祥、胡永班见到此景，认为这是吉兆，立即叫村里人燃放爆竹庆祝，彩虹是清华村村民心目中吉祥、美丽的象征，于是桥就取名"彩虹桥"了。后人为了纪念这两位胡姓先人，在桥的中间亭子设立了神龛，中间是禹王神位，左右两边分别是胡永班和胡济祥的神位，以示永世不忘。之所以桥上设立禹王牌位，是当地人认为，禹王是镇水的神仙，也是胡氏的始祖，有他在，可以镇住洪水，保护古桥。

彩虹桥是婺源文化与生态、休闲与娱乐相结合的一处风景区，

雨朦胧，桥朦胧

是有着厚重桥文化的历史古迹，生态环境优美。围绕着彩虹桥有许多世代相传的浪漫故事，几百年来一直保持着鲜活的生命力，都与当地的市井生活息息相关，随便拎出一小段故事来都可以入戏。

就在我提笔准备写彩虹桥的时候，恰好看到了南方水灾导致中国最美廊桥婺源彩虹桥被洪水局部（两廊一亭）冲毁的新闻报道，痛惜的心情竟让人一时无法落笔。更希望很久很久以后，彩虹桥仍然鲜活地存在于我们的生活中，仍然散发着迷人的魅力。

上 | 彩虹桥匾额
下 | 雨中诗意

广济桥：
世界上最早的开合式桥梁

潮州广济桥，俗称湘子桥，是一座有800多年历史的古桥，也是中国四大古桥之一，古时也叫康济桥、丁侯桥、济川桥，位于广东省潮州市古城东门外，横跨韩江之上连接东西两岸，是一座集梁桥、浮桥、廊桥于一体的桥。全桥刚柔相济，波澜壮阔，装饰精美，魅力十足，从现代桥梁美学来看，广济桥成功地融合了桥梁的形状、功能、色彩、意韵等因素，是我国古桥建设的成功范例。广济桥为古代广东通向闽浙的交通要津，是潮州八景之一，曾被我国著名桥梁专家茅以升誉为"世界上最早的启闭式桥梁"。茅以升先生曾在《文物》杂志上介绍过"五座在我国历史上都曾发挥过巨大作用，在科学技术上都有过重要贡献的古桥"，其中之一就是广济桥。

壮美的广济桥全貌

广济桥始建于1171年，为浮桥、梁桥相结合的刚柔相济的结构，到明代嘉靖九年（1530年）时形成"十八梭船廿四洲"的独特风格。广济桥全长518米，由东西两段石梁桥和中间一段浮桥组合而成。其梁桥部分由桥墩、石梁和桥屋三部分组成，集潮州石雕、木雕艺术于一体，古朴的造型跟潮州古城的人文历史环境互相呼应。东边梁桥长 283.35 米，有 12 个桥墩和一座桥台，桥孔 12 个。西边梁桥长 137.3 米，有 8 个桥墩 7 个桥孔，石梁宽 5 米。中间浮桥长 97.3 米，由 18 只木船连接而成，浮桥可启可闭，灵活方便。"这桥的特点就在中段，那里的木船，可以解缆移动，让出河道以通航。这就是近代所谓的开合桥，合时通车，开时走船，对于水陆交通，是两不妨碍的"。广济桥在古代是一座有名的市桥，桥上亭台楼阁形态各异且兼作店铺经商之用，桥上像热闹市区一样商贩云集，因此又有"一里长桥一里市"的美称，自古就有"到湘不到桥，白白走一遭"的说法。但到新中国成立前时广济桥已年久失修，古桥残破不堪。1958 年对桥进行了加固维修，修缮时拆除了 18 只木船的浮桥，改建为三孔钢架及两处高桩承台式桥梁。2003 年开始对广济桥按照明代风貌格局进行大修，修旧如旧恢复古桥原貌，功能定位为旅游观光步行桥，2007 年竣工。修复后的广济桥即今天我们看到的古桥风貌，重现了潮州民谣中"十八梭船廿四洲"的明代古桥风格，梁舟结合，联阁重瓴。其舟梁结合的结构打破了桥梁结构的单一性，使广济桥具有灵动的别样美感。500 多米的长度和密集排列的桥墩、高低错落的桥屋以及灵动起伏的浮桥，共同创造了独特生动的节奏和韵律，让大桥波澜壮阔、蜿蜒延绵，楹联、匾额、诗文、书法极大地丰富了广济桥的装饰美，漫步桥上，令人流连忘返。2009 年中国邮政发行了《广济桥》特种邮票一套三枚，展现了广济桥独特的建筑风貌，成为潮州的一张城市名片。

广济桥所处的韩江，江面宽阔，达 1000~2000 米，水势浩荡，唯有广济桥所处位置一带的河宽缩为 500 米左右，因此这里水

《广济桥》特种邮票展现了广济桥全貌

流湍急，鳄鱼泛滥，却自古即为粤闽赣三省要道，来往的客商均靠舟楫摆渡过河。唐元和十四年（819年），韩愈被贬为潮州刺史，他致力于发展生产，驱除鳄鱼，兴办教育，传播文化。至南宋时期，潮州已逐渐繁荣起来，经济和文化的发展昌盛，让在韩江上建设桥梁成为可能。为了满足当地商业贸易的需求和通航安全，广济桥应运而生。广济桥初建时为浮桥，南宋乾道七年（1171年），当时的潮州太守曾汪，把86只木船连接起来横跨韩江东西两岸，并在江中用条石建造了一座巨大的桥墩（石洲）以固定浮桥，用绳索将船队固定于桥墩上，取名康济桥。这就是广济桥的第一代桥身，从此拉开了修建广济桥的帷幕。"昔日风波险阻之地，今化为康庄矣。"

浮桥的抗洪水冲击能力有限，建成3年后被洪水冲毁。州守常伟主持筹款修桥，这次修建船只增至106只，修桥后尚有余钱，便在西岸建设桥台楼阁一座，并起名仰韩阁，阁下台基砌石垒成，以防御洪水的冲击。由此开始，在此后约60年的时间里，广济桥经历了多次被毁及重修，先后由十位潮州州官主持了修桥工程。为加固桥梁，提高桥的抗自然灾害能力，并解决水路交通存在的矛盾，恢复韩江水上船运通航能力，陆续在韩江河道上分东西两段筑起23个石桥墩（石洲），架起木梁成为梁式桥，桥下船只可以通航。其中西桥共10洲，东桥共13洲，并在石

洲上建设楼阁亭屋 24 座，楼阁各获其名。东西桥建起来后，江心的一段因水深流急仍然用浮舟连接，基本形成两边石桥墩架木梁，中间以 24 只木船相连接的，梁桥与浮桥相结合的基本格局，并正式更名为广济桥，取"济百粤之民，其功甚大"的意思。在主持建桥的十位州官中，又以知州丁允元修造的规模最大，功绩最显著，故老百姓把西桥称为"丁侯桥"，而靠东岸的石桥则被称为济川桥。此后，广济桥迎来它最繁华的时期。后世广济桥的形制大体就是这样。广济桥从创建、发展，到确定形制，前后用了 58 年时间，这是一个不断摸索，不断实践又不断创新的过程。

再以后，广济桥历经朝代更替，经历了火灾、洪水、战乱等天灾人祸的毁坏，多次毁而重建，包括加固增高石墩，重架桥梁，重建桥亭楼阁，增强桥梁的抗洪能力。到了明代正德、嘉靖年(1506—1566)间，广济桥经历了多次大修，明正德八年(1513 年)

广济桥老照片

又在东部增建一个桥墩,减去浮桥用船6只,改为18只浮船,从此浮船的数量固定下来,形成了广济桥"十八梭船廿四洲"的特有风貌。在这次修建中,还把木梁换成石梁,以增强桥梁抗洪水冲击和防风雨腐蚀的能力。至明嘉靖九年(1530年),又在桥梁的南北两边筑石栏,既保障了行人安全,又增加了桥梁之美。此外,还有每年派桥夫管理浮桥开、合等事宜。广济桥的风貌形制从此固定下来。

时间到了清雍正二年(1724年),知府张自谦倡议绅士捐款修桥,并浇铸了两头铁牛,放在桥的东西岸两头做镇桥之用,铁牛身上铸有"镇桥御水"四字。经过历朝历代多次加固及大修,广济桥抗御洪水、台风、地震灾害的能力已大大增强,有雍正六年(1728年)至道光二十年(1840年)100多年间无大修的记载,期间有过多次洪水、地震、台风之灾,广济桥均平安无恙。据《楚庭稗珠录》记载,乾隆年间,广济桥上仍然桥市兴旺,桥梁"晨夕两开,以通舟楫",浮桥部分仍有开合作用。

清末至民国一直到1949年新中国成立之前,广济桥的建设修缮逐渐衰落。饱受洪水、地震、台风和战乱之灾的广济桥,已残破不堪。

从1171年南宋知州曾汪在江心建起第一个桥墩修建浮桥算起,至明正德八年(1513年)形成十八梭船廿四洲的完整格局,广济桥的创建过程前后延续了342年。而自建桥至今的800余年以来,因为桥梁饱受天灾人祸以及岁月侵蚀,历史上修复的次数更是数不过来,屡毁屡修,前仆后继,百折不挠。这一方面说明了广济桥对社会及民生的重要性,另一方面也表现了潮州人坚韧不拔的精神气质和文化传承。关于广济桥,潮州民间广泛流传着一首民歌,歌词是这样的:"潮州湘桥好风流,十八梭船廿四洲,廿四楼台廿四样,两只铁牛一只溜"。这首歌谣包含了构成广济桥重要历史风貌的所有要素,也记述了广济桥曾经的繁荣兴旺和衰落。

民谣中"十八梭船廿四洲"中的"洲"其实指的是石桥墩。古时候闽南地区在大江上建桥,多用石梁桥,潮州出于地理位置的原因,建桥也多用石梁,并且形成了独特的桥梁建筑形式,广济桥即是如此。现在的广济桥有20座桥墩和1座桥台,桥墩大小不一,桥墩长度最大的达22米,最短的有11米;宽度从6米到13米不等,这样桥墩上的平面面积就在60~300平方米之间;每座桥墩高都是10米以上。东西两段梁桥各有一个通航孔,通航孔所处位置是梁桥的制高点,两个通航孔的高度分别是东桥16.50米,西桥15.37米,通航孔部分的桥面略为拱起,两段梁桥相应地就形成了一定的坡度,使桥梁富于变化。桥墩和桥台都是由韩山本地产的长度1米到2米的大青麻条石垒砌而成,石块与石块之间用榫卯结构连接,砌合紧密,且桥墩大小不一。因为历史上桥墩先后多次损坏,修复时期不同,又没有按照原来的规格修复,所以桥墩的高度和形状各不相同,形态各异。广济桥的

广济桥整齐排列的桥墩气势磅礴

桥墩主要有两种形状，一种是六边形的船形墩，另一种是五边形的半船形墩。为了减小水流对桥墩的冲击力，所有的桥墩迎水面都做成尖头分水，有效地分解水流的冲击力。

石墩之间架设条石作为石梁，最大的石梁尺寸为高 1.2 米 × 宽 1 米 × 长 15 米，最小的尺寸也达高 1 米 × 宽 0.8 米 × 长 12 米。梁桥部分桥面宽 5 米，两边设有横条式石栏杆，竖向立柱加上横向的扶手条。栏杆造型简单但充满动感，石栏杆四根横条都是侧面为正方形的小石条，其中第一、第二和第四条平稳摆放，稳稳当当，第三条改为边棱向上，变成一条棱形条。栏杆为白色花岗岩材质，远观如一条白色飘带飘动在大桥腰间，使古桥显示出一种灵动之美。梁桥桥面高低起伏，栏杆望柱的连线也高低起伏，韵律感十足。栏杆上所有的柱头都雕刻成花瓶状，寓意平安吉祥，福泽绵绵。

为了增加桥身重量，同时也为了保护桥身不受日晒雨淋（广济桥早期为木梁），方便行人，广济桥上建有很多桥亭。广济桥

桥墩与桥亭

的桥亭楼阁都采用木石结构，相互独立地建在桥墩上，没有用廊屋相连。桥屋全部为中国传统木构大屋顶建筑风格，亭台楼阁兼备，形态多种多样，空间大小不一，装饰精美，因此广济桥历史上有"江南第一桥"的美称。广济桥上共有大小桥屋 30 个，其中 12 个为殿式阁，18 个为桥亭。殿式阁为东西向，横跨桥面，一阁独占一墩，屋顶以歇山、硬山和悬山等形式为主，建筑形式中规中矩，故称殿式阁。桥亭为二亭合占一墩，分立大桥中轴线南北两侧，建筑形式多样，有圆形、三角形、方形、扇形等，活泼灵动，充分体现了中国传统建筑形式的丰富性。桥屋的木构屋顶和门窗上，梁架、柱头、藻井、檐角，以及屋檐下的匾额、门窗的隔扇都装饰有精美的木雕。圆雕、通雕、浅浮雕、深浮雕和线刻等多种潮州传统木雕技艺汇聚一堂。桥屋与巨大的桥墩互相呼应，显得坚固又安全。所有的桥屋都沿着大桥的中轴线纵向排列，在视觉上其 500 多米纵深的延绵感给人以强烈的震撼。依中轴线延伸的空间组合形式，像极了一座多进的、规模巨大的传统中式庭院，层层深入，走在桥上充满期待。从上游方向看过去，一座座带有尖尖分水的桥墩，桥墩上带有独立的桥亭楼阁，21 座桥墩整齐排列，犹如整齐排列的巨大石舫，也像一队整装待发的舰队，壮观而气势磅礴。

　　浮梁结合是广济桥最精彩的地方，既节约桥的建设成本，又给桥梁增添了活泼生动的韵律动感，动静分明，在视觉上给人以审美的愉悦。浮桥由 18 只木船横向并排连接而成，船长 14 米、宽 3.6 米，船中央铺设木板作为桥面，平坦舒适。浮桥桥面宽 5 米，桥面两侧各有一段长约 5 米的船体，使浮桥显得安全且趣味十足。浮桥部分设有木质栏杆，分段独立再用铁链连接，每段都是 6 根竖向立柱加两根横向扶手条。栏杆处在两舟之间，在防护的同时也起到连接两船的作用。这种栏杆外观简洁、功能明确，施工方便，同时又非常经济。浮桥两端用铁链固定在梁桥的矶头墩，随水位涨落而高低起伏，非常灵活。矶头墩各有一段石阶梯供行人上下浮桥，非常方便。浮梁结合的结构使广济桥桥面高低起伏，有变化也有重复，呈现出很强的韵律感，有一种延绵不绝的美。浮桥可启可闭，闭合可连接两边梁桥，开启能通行大型船只和快速排洪，其实用性无与伦比，显示了潮州人民的聪明才智。同时，浮桥的启闭功能也为管理韩江航道带来了方便。

　　匾额楹联是中式建筑提升意境、创造文化氛围的重要元素，广济桥同样借助匾额楹联给古桥增添了文化气息。广济桥上共有匾额 43 块，楹联 25 对。其中楹联直接刻在白色花岗石柱上，着黛色，白黛分明，格外清爽。这些匾额楹联使古桥多了一分诗情画意。

桥中间段的浮桥可开可

广济桥上也立有一座牌坊——"民不能忘"坊,这座立在桥上的牌坊也是广济桥的一大亮点,是潮州人民为纪念太守刘浔、分司吴均而建的。在清代林大川的《韩江记》有记载:"道光间桥坏,郡守吴均为起大工,彻底修造,廿九年己酉夏五月告成,万民德之,建'民不能忘'坊于桥上"。吴均在潮州为官十多年,执法严厉,为官清正,关心民众疾苦,为潮州人所拥戴。潮州老百姓为颂扬他的功绩及清廉,还在桥的东门楼边上设了吴公祠,立了吴公像祭拜。

关于广济桥镇桥御水的铁牛,历史上原是有两只铁牛的,其中一只坠落江中,另一只在"文革"中毁坏。现在立于桥上的铁牛,是 1981 年根据铁牛原样仿铸而成的。

民谣中之所以说"潮州湘桥好风流", 是因为广济桥上不仅能欣赏到江两岸的美景,还能够观赏到"湘桥春涨" 的美丽盛况,别有一番新意。而且,广济桥在古代曾是有名的市桥,想象一下曾经"一里长桥一里市"的壮观场面,其丰富的文化内涵吸引着广大的旅游者。因此,广济桥也成了当地首屈一指的旅游景点,是潮汕地区著名的文物旅游胜地,全国重点文物保护单位和国家 AAAA 级景区。

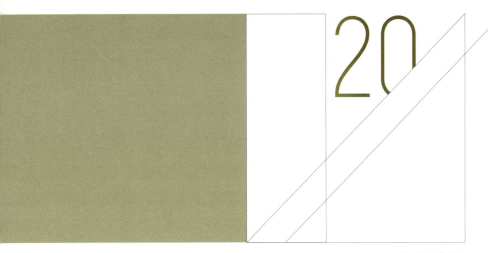

20

卢沟桥：
一座承载了太多的旷世美桥

一般有水才有桥，我居住的北京是一座水比较匮乏的城市，但我们有一座老桥叫卢沟桥，至今已有 800 多年的历史。提起北京的卢沟桥，人们立刻就会联想到"七七卢沟桥事变"，联想到"中国人民抗日战争纪念馆"。"卢沟桥！卢沟桥！国家存亡在此桥！" 这首悲壮的《卢沟桥歌》，对于老一辈的中国人来说可以说是家喻户晓。在中国，没有哪座桥像卢沟桥一样让亿万同胞刻骨铭心。同时，卢沟桥曾被马可·波罗称为"世界上最好的、独一无二的桥"，它也是我国现存最古老的建在大江大河之上的大型石造连拱桥，是我国著名的四大古桥之一。卢沟桥，是一座承载了太多的古桥。

卢沟桥

卢沟桥也称芦沟桥，位于北京市南门户宛平城城门之外，横跨在永定河（即卢沟河）上，始建于 1189 年（金大定二十九年），建成于 1192 年，为一座十一孔连拱石桥。桥长 266.5 米，桥墩、拱券、望柱、栏板、抱鼓石、华表等都是用天然石英砂岩及大理

卢沟桥原始桥面

石砌筑的,桥面用巨大的天然花岗岩条石铺设。桥面略呈弧形,两端较低,中间隆起,桥两侧雁翅桥面为喇叭口状,入口处桥宽32米,桥身总宽9.3米,桥面宽7.5米。整个桥身都是石体结构,关键部位均有银锭铁榫连接。桥面两侧的大理石护栏,是由281根望柱和279块栏板交替组成的,其中南侧有141根望柱,140块栏板,北侧有140根望柱,139块栏板。每根望柱的柱头上都雕有大大小小的石狮子,石狮子形状神态各异,栩栩如生,据文献记载石狮子原有627个,现存501个。

卢沟桥有桥墩10座,11孔桥拱,东西两端拱券高11.5米,中间拱券高13.42米。桥中心的主桥孔跨度最大,有21.6米,两侧桥孔跨度对称渐收,近岸边桥孔的跨径约16米。桥身、拱、桥墩以腰铁牢固,桥墩平面呈船形,迎水面砌有分水尖,状若船头,尖端加装三角铸铁,以减轻洪流和冰块的冲击,保护分水尖的稳定。在分水尖上面,设有1.83米高的六层石板,也是为了加固分水尖的稳定性。桥墩南面为背水面,砌成状似船尾的流线型，有利于分散水流，减轻洪流对大桥拱券的压力。整座桥雄浑优雅，古朴端庄。

卢沟桥的石狮子最是出名，据说很多人来卢沟桥旅游就是为了看石狮子。石狮子不仅数量多，形态上更是千姿百态，每一只石狮子都不一样，大石狮子的身上还躲着、趴着、背着各式各样的小石狮子，要想数清楚石狮子的数量，难度很大。特别是800多年来历朝历代都有对卢沟桥及石狮子大修或翻修，留下了不同时代修缮的痕迹，使这些石狮子集合了自金元以来各个朝代的石雕艺术特征，犹如一座露天石雕博物馆。譬如，金元时期的石狮子头大身躯瘦长，面部也瘦长；明代的石狮子身躯粗短，嘴方且张开，面部表情丰富；清代的石狮子突胸张嘴，卷毛高耸，雕刻精细；清末以来的石狮子则雕刻得比较粗糙简陋，外表较新。至于石狮子的数量，比较公认的说法是有501只。但自古以来就有"卢沟桥的狮子——数也数不清"一说，大大小小的石狮子太多了，很快就会数花了眼，而且小石狮子又多雕刻于隐蔽处，故我本人从来没敢去尝试实地数过。如果你来卢沟桥旅游，感兴趣的话可以试着数一数。

早在13世纪时，卢沟桥就已经闻名西方世界。卢沟桥建成大约100年之后，一位名叫马可·波罗的意大利人，将他在包括中国在内的东方诸国游历21年的所见所闻写成了一本书《马

卢沟桥的石狮子千姿百态

《卢沟运筏图》

可·波罗游记》。在这部游记书里，马可·波罗详细介绍了卢沟桥这座令他拍案称奇的、美丽无比的石桥，关于永定河及卢沟桥有大段精彩细腻的描写："河上舟楫往来，船帆如织。它们运载着大批的商品。河上架有一座美丽的石桥，这也许是世界上无与伦比的大石桥……显示了造桥技术的高超绝伦"。他还特别欣赏桥上栏柱的精美石雕石狮子，并对此进行了细致的描述，认为

"整座桥气贯如虹,蔚为壮观"。马可·波罗的游记轰动欧洲,从那以后,卢沟桥随该书名扬世界,欧洲人也因此称卢沟桥为"马可·波罗桥"。

卢沟桥建成后,成为金、元、明、清历代南方各省进京的必由之路和燕京的重要门户,也是历史上兵家必争的交通要道。元代的一幅写实古画《卢沟运筏图》中让我们看到了当时交通繁忙的卢沟桥,那时的永定河水势浩荡,航运繁忙,可见卢沟桥的建成对金代皇城北京城的经济繁荣发挥了重要作用。从画中看这座金代古桥的结构和造型,800多年过去了,今天的卢沟桥大致上还保有其原始的风貌。经历了800多年的时光冲刷和战乱、自然灾害的洗礼,金代的建筑在北京已经极为少见。但卢沟桥不仅依然完好地屹立在永定河上,还在宫殿、苑囿、塔寺、府第林立的北京,独占鳌头挤进了"燕京八景"的行列,"卢沟晓月"是从前著名的燕京八景之一,可见该桥梁设计先进,建造技艺精良。尽管那个年代可能也没有什么桥梁设计规范,我国古代的造桥技术不能不让人佩服至极。

1698年卢沟桥重修时,康熙帝下令在桥西头立碑,记述重修卢沟桥的事。桥的东头则立有乾隆帝御笔亲题的"卢沟晓月"

"卢沟晓月"石碑

石碑及碑亭。

当然，卢沟桥最为著名的还是 1937 年 7 月 7 日在这里发生的震惊中外的"七七事变"。彼时日军在卢沟桥附近演习，借口一名士兵"失踪"要进宛平城搜查，遭到中国守军严词拒绝，日军遂向中国守军开枪射击，又炮轰宛平城，中国守军奋起反击，打响了全面抗战的第一枪。"七七事变"是日本帝国主义全面侵华战争的开始，也是中华民族进行全面抗战的起点。

卢沟桥是历史名桥，也是红色景区，卢沟桥与宛平城、中国人民抗日战争纪念馆一起，形成了目前全国最大的纪念抗日战争的爱国主义教育基地。如今，卢沟桥的大理石上以及宛平城城墙

卢沟桥桥头的宛平城及城门

上，当年日军射出的弹痕犹在，时刻提醒着我们勿忘国耻，铭记历史。

如今，长桥仍如虹，河水已轻流。1985年卢沟桥正式退役，1991年卢沟桥实行封闭管理，要看它得买20元钱的门票。经过整修后的卢沟桥，桥面中间保留了一条当年古桥的原始花岗岩条石桥面，数百年的人来车往，桥面已被碾压得凹凸不平，别有一种历史岁月的沧桑感。如今的老卢沟桥被保护得很好，但早已失去了一座桥的功能，已经是一座博物馆一样的存在了，变成了一件文物、一座纪念碑，完全退出了人们的日常生活，不再沾染半点市井生活的烟火气。

卢沟桥今貌

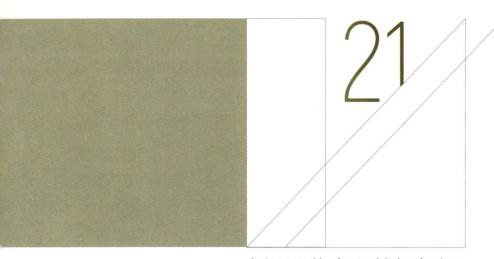

21

大运河北京段的桥与闸：
对话千年运河上的文化遗产

中国人工开凿运河的历史可以追溯到春秋时期，经过历代修造，中国大运河由隋唐大运河，京杭大运河，浙东大运河三部分组成。运河全长2700千米，地跨北京、天津、河北、山东、河南、安徽、江苏、浙江8个省、直辖市。

2005年，中国27段河道，58段遗产点统称"大运河"的项目被联合国教科文组织批准成为世界文化遗产。北京市两个河段：通惠河北京旧城段、通惠河通州段，两个遗产点：澄清上闸（含万宁桥）、澄清中闸（含东不压桥）位列其中。此外，北京被列为"大运河"全国重点文物保护的遗产点有11处，包括高粱闸、什刹海、玉河故道、白浮泉遗址、黑龙潭及龙王庙、广源闸、平津闸、庆丰闸、永通桥及石道碑、张家湾城墙及通运桥、南新仓。

大运河北京段主要是为了解决南方漕运的粮食到通州以后转运到皇城的问题。北京地势东低西高，大概的海拔是通州27.6米，什刹海51米，昌平白浮泉55米。如何在水往低处流的情况下，让船往高处走，最廉价的办法就是利用上下两处水闸（上下闸），一段一段抬高水位。这个办法聪明的古代人早就想好了。元代伟大的科学家郭守敬（1231—1316）在1262年规划了北京水系，将昌平的白浮泉水引入北京皇城，解决了运河用水问题。郭守敬主持开凿通惠河连接什刹海水到通州，设计了24座闸，解决了不同地区水位之间的高程差问题。因为建桥的地方河道比较规矩，所以多数船闸和桥建在一起。直到今天，虽然担负船运交通的闸已被弃用，但北京的这套水系大部分还在发挥作用。运河上的许多桥梁还在，沿运河的许多角落都可以看到元、明、清几百年来留给我们的历史遗迹。

沿大运河北京段走一走，看看这些老祖宗给我们留下的文化遗产，了解北京水系和发展历史，对北京人来说是一件趣事，也是一份责任。

一、通州张家湾通运桥

通运桥位于北京通州张家湾镇，横跨萧太后河。萧太后河是 988 年开挖的漕运河，因萧太后主持开挖而得名。通运桥原为木桥，1605 年建成三孔石拱桥，距今 417 年。

郭守敬设计并实施的北京水系（源于《中国国家地理》2006 年第 5 期，李学通供图）

通运桥全长 43.3 米，宽 10 米，桥面两侧设青砂岩石栏，石栏上每边各有 22 根望柱，柱上雕有石狮子，形态各异。桥面由花岗岩条石铺设，车辙磨痕累累，凹凸不平，见证了时代沧桑。桥梁北侧是古城墙，南侧是现在的张家湾镇。这座桥是大运河北京段保存最好的古建筑。

在元、明、清时期，张家湾是南方用大船向北京运粮的终点

上 | 通运桥
中 | 桥栏石狮
下 | 通运桥桥面

第二篇 我国古代名桥：天上有彩虹，人间有长桥 | 177

左｜修复后的张家湾桥与城墙
右｜旧城遗址

站，也是换成小船向京城运粮的起点，在京杭大运河北京段具有重要地位。

通运桥北面的张家湾镇建于明嘉靖四十三年（1564年），周长3千米，曾因漕运商贾林立，粮仓巨大，经济繁荣，也是北京城重要的战略重镇。1860年9月，清军僧格林沁曾率1.7万人驻扎张家湾八里桥一线。9月18日英法联军攻陷张家湾，将城镇洗劫一空。此后张家湾镇隐于通州郊区。

二、朝阳八里桥

朝阳区八里桥又名永通桥，因距通州8里（4千米），俗名八里桥，建于1446年，至今576年。这是一座非常漂亮的三跨花岗岩石拱桥。

八里桥全长30米，宽16米，中孔高8.5米，边孔高3.5米，桥孔宽6.5米。中孔是通航孔，高于边孔数倍是为了便于撑起桅杆的运粮帆船直入直出。古有"八里桥不落桅"之说。明清时期八里桥下千帆竞渡，百舸争流，桥上车马辘辘，人流熙攘，一片繁荣景象。

八里桥像卢沟桥一样，桥栏杆两侧有33对望柱，上面的石狮子有新有旧，显出不同时代修缮的痕迹。现在因为被铁框围栏挡住，只能从侧面看到不同时代、不同姿态的石狮子和水兽。

八里桥是一座历经磨难的桥。1860年9月21日,英法联军进犯北京,与清军在八里桥展开激战,英法联军用洋枪洋炮向清军进攻,清军的蒙古骑兵冲向敌军,短兵相接,英勇杀敌。战争非常惨烈,以清军惨败告终。在恶战中,八里桥石栏板有的被炸得粉碎,许多石狮子也被炸毁。八里桥激战之后的22天,英法联军攻入北京,第27天,火烧圆明园。可见八里桥在保卫北京

上 | 八里桥
下 | 八里桥石狮子

城方面有着重要的战略地位。如今，桥上仍然有英法联军洋枪洋炮留下的弹痕。

除了战争还有水患。由于孔径不足，八里桥在历史上多次遭遇洪水毁损，也有过多次修缮。直到 1984 年 1 月，北侧桥拱及相关建筑结构出现塌落，桥栏杆悬架于空中，政府曾拨专款用于修缮。为了分流洪水，还在古桥两侧分别加了两孔新桥与老桥连接在一起。

2018 年底，政府在距古桥 152 米的上游建成了一座主跨 55 米的钢筋混凝土拱桥。从此，古桥上不再允许机动车通行。古桥周边将建成公园和博物馆。八里桥还是世界文化遗产通惠河通州段的起点。

八里桥新桥

三、万宁桥与玉河

什刹海东侧有一座重要的桥梁万宁桥,因地安门为皇城后门，该桥在地安门与皇城之间，也称后门桥。万宁桥始建于 1285 年,是北京中轴线上的重要古代桥梁,也是通惠河最北边的闸口,称为澄清闸。当年元世祖忽必烈就是站在这座桥上给北京段的运河起名"通惠河"。这位皇帝还下令打造 8000 条运输船,在通惠河上日夜不息地运粮,大量运输船从万宁桥,进入什刹海,船头船尾相接,几乎把水面覆盖了,船帆遮水的壮观场面,有"舳舻蔽水"一说。

万宁桥为单跨汉白玉拱桥,长 10 余米,宽 10 米,桥两侧有汉白玉护栏,雕有莲花宝瓶等图案。

元后的 100 年之内,什刹海水面不断缩小,在明代已经失去了码头的功能。原本的河道已经被淤塞,这座桥也失去了桥梁功能,仅露出了旧的桥栏板与望柱。

2000 年整修中轴线,意外挖出六只龙爪镇水兽,经考证为元、明遗存,就安放在桥边。

为了考察万宁桥的承载能力,还动用了满载的 10 辆卡车,对桥梁进行了结构试验,桥梁结构没有发生坍塌和变形超标的现象。700 岁高龄的老桥,检验通过了。

古代玉河从万宁桥到正义路南口,全程 8 千米。后来因缺少活水成了臭水沟,1956 年改为暗河。2006 年,北京市启动"玉河文化历史恢复工程",在地下 2~3 米处挖出了玉河古河道,包括两岸城砖、花岗岩岸石,还有护岸的木桩。地下仅 1 米处,

万宁桥

镇水兽霸下

如今的玉河

挖掘出经年不见天日的东不压桥遗址。这座桥建于明永乐十八年（1420年），彼时已沉睡地下超过百年。2008年1050米的玉河故道恢复了，保存了明清两代的堤岸、码头、排水道、镇水兽以及东不压桥遗址，立碑"通惠河玉河道"，成为"世界文化遗产"的一段景观。

东不压桥遗址

四、运河沿途遗迹

位于西三环万寿寺大门东面的长河上,有进城第一闸广源桥闸,现存的闸墙和基础都是元代水工构筑物。700多年的镇水兽圆睁着眼睛,看着世代沧桑,历史变迁。河边的龙王庙虽然小到不起眼,但也是几百年的文物呢。

西直门外高梁桥闸,建于元代,20世纪90年代末在修路的时候将旧桥整体挖出,包括桥闸的遗存,现在是全国重点文物保护单位。明代文学家袁宏道曾写过《游高梁桥记》,展示了当时

广源桥

的美景:"高梁桥在西直门外,京师最胜地也。两水夹堤,垂杨十余里,流急而清,鱼之沉水底者,鳞鬣皆见。"可见当时高梁桥的重要地位。

可贵的是高梁桥保存了提升闸板支撑辘轳的架和闸槽,使我们理解了什么是闸桥。如果有空到西直门,可以关注一下这座高梁桥。

在北京东便门通惠河上,有一座庆丰闸,是根据史书记载,于1998年复建的。庆丰闸始建于元代1292年,是运河出元大都城向东的第二个闸口。这座闸在元、明、清时期是热闹之地,曾经酒楼、茶肆、旅店、商铺、戏楼比比皆是,商业繁华,游人

左 | 元代高梁桥
右 | 高梁桥闸

庆丰桥闸

如织。清代官吏完颜麟庆曾写《鸿雪因缘图记》二闸修禊篇,其中写道"其二闸一带,清流萦碧……间以公主山林,颇染逸致,故以春秋佳日都人士每往游焉,或泛小舟,或循曲岸,或流觞而列坐水次,或踏青而径入山林,日永风和,川晴野媚,觉高情爽各任其天,是都人游幸之一"。还有清代诗人佳作"最是望东楼上好,桅樯烟雨似江南。"《红楼梦》作者曹雪芹的家族,在通州张家湾有典地 600 亩(40 公顷),还有银号、商铺。他也经常与朋友在庆丰闸望东楼饮酒作诗。虽然今日庆丰闸已经没有当初模样,在重修的桥旁,我们还可以在此怀古、追忆。

广西程阳风雨桥：
一座被列入国家非物质文化遗产的桥梁

到广西旅游,人们的目光大多关注的是桂林山水、阳朔风光、龙脊梯田、德天瀑布,其实广西还有一张名片就是侗族风雨桥。

从桂林乘高铁不用一个小时就可以到三江火车站,再乘车约 10 千米就可以到达三江侗族自治县县城。三江侗族自治县因融江、浔江、苗江穿县而过得名。全县有 74 条河流纵横交错,桥梁众多。

侗族是我国 56 个民族之一,人口普查显示全国现有侗族人口约 350 万,主要分布在贵州、湖南、广西。三江侗族自治县有人口 32 万,其中 57% 是侗族。侗族是一个历史悠久的民族,先秦时期就有记载。侗族有自己的语言和风俗习惯,有独具特色的建筑。三江侗族自治县拥有中国最完好、数量最多、最集中的侗族建筑群,其中具有标志性的建筑是风雨桥和鼓楼。在众多风雨桥中最著名的是 1982 年就被列为全国重点文物保护单位的程阳风雨桥。

程阳风雨桥也叫永济桥,位于距三江县城以北 20 千米的侗

程阳风雨桥

风味浓浓的程阳八寨古村落

族居民较集中的村寨——程阳八寨。该桥始建于 1912 年,到 1924 年才建成。

那个年代建桥不像现在由国家立项出资,而是由寨子里的五十位长者组成"首士团"牵头募捐修建。他们发动百姓捐钱、捐木、捐粮、捐工,从备料到完全建成整整花费 12 年时间。所以程阳风雨桥不仅体现了侗族人的聪明智慧,高超的建造技艺,更体现了程阳八寨人民的凝聚力、坚韧不拔的毅力和精益求精的精神。

程阳风雨桥跨越林溪河,是一座人行桥。桥梁全长 64.4 米,宽 3.4 米,高 10 米,有两座桥台、三座桥墩,共四跨。桥面建有五座桥亭,19 间桥廊,每座桥亭五重挑檐,桥廊两层挑檐,全桥处于廊亭遮护之下。青山绿水之间,廊塔灰瓦铺就,美观、质朴,与环境相协调。一座桥建得像宫殿一样漂亮,表达了侗族人对美的追求。

桥梁墩台由青石砌筑，上部采用穿斗木结构。注意观察墩上结构，你会看到圆木逐层悬臂搭出，共五层。第一层较细横桥向，其余四层顺桥向渐次增加一定尺寸悬出，最上边两层通长连接在

上 | 程阳风雨桥桥梁正面

下 | 程阳风雨桥与村寨建筑的和谐之美

另一座桥墩上,形成了桥梁上部木结构支撑体系,在此基础上架设桥亭、桥廊,然后逐层架梁,加檩铺瓦。桥亭的重压也保证了桥亭第一、二层挑檐和桥廊部分的稳定性。另一座桥墩上的木结构可以做参考。

廊亭全部采用木榫卯结构,没有一枚铁钉,两侧有护栏可以保证行人安全,还有可供休息的条凳,看来侗族人很会享受。

由于木结构易腐朽、着火并损毁,当今像程阳风雨桥那样真

正使用全木结构支撑的桥梁非常稀少。在近百年的岁月中,程阳风雨桥几经损坏,又修缮保存至今,真是我国古桥中的瑰宝。

侗族风雨桥的建造技术非常独特。身处大山深处的人们没有多少文化,也不会绘制图纸。工匠自创了"香杆""师墨"方法。用一根长度够最长木料的半边楠竹作为营造尺,竹竿上逐一用墨标注所有构件的尺寸及柱梁每个榫眼的位置和尺寸。一个木匠只要会计算和刻画香杆,就可以建屋造桥了。这使我们想起清代为

皇家设计和建造宫殿、庙宇、陵寝的"样式雷"图档。

程阳风雨桥能够原汁原味地保存至今,很大程度上要归功于一个杨姓侗族工匠世家。爷爷杨堂福是当年建造风雨桥的发起人之一,曾经为建桥抵押过房产。1983年,该桥部分被洪水冲垮的时候,父亲杨善仁带领工匠们重修风雨桥。孙辈杨似玉13岁拜父学艺,17岁开始跟父亲参加各类建设工程,特别是通过重建风雨桥,掌握了侗族建造技法。40多年间,杨似玉带领的侗

左｜程阳风雨桥桥墩上的结构
中｜合拢桥墩上逐层悬出结构
右｜程阳风雨桥柱廊木结构

族建设团队,已经营造了遍布三江及其他侗族景区数以千计的侗族建筑和风雨桥。20世纪80年代以后,他们每十年为程阳风雨桥进行一次大修,保证桥梁屹立不倒。2007年杨似玉成为国家非物质文化遗产"侗族木构建筑营造技艺"代表性传承人。

1997年,杨似玉还凭着精湛的木工手艺,制作了缩小比例的程阳风雨桥模型,由广西壮族自治区作为礼品赠送给中国香港特别行政区。他制作的风雨桥、鼓楼、民间木楼、戏台等模型被

上｜三江风雨桥
下｜三江风雨桥桥头

多家纪念馆收藏。为此，获得"中国工艺美术大师"的殊荣。

由于侗族建筑技艺得到了很好的传承，三江以至于广西建有很多鼓楼和风雨桥，最具代表性的是坐落在三江县城，跨越浔江的三江风雨桥。

三江风雨桥主结构为跨度 300 米的单跨拱车行桥，桥面长 398 米，宽 18 米。桥上有 7 座桥塔，292 间桥廊，全部为榫卯木结构。也就是说，下部是现代桥梁，上部是木结构的侗族风雨廊。

七座桥塔间隔排列，横跨公路，每座塔都为多边形重檐结构，两侧人行道为通长的廊道，不仅全长遮风避雨，而且有座位可以歇脚。

夜观三江风雨桥，廊塔高低错落有致，灯火辉煌，使人感受到仿佛欧洲巴洛克风格建筑般的奢华，离得很远才能拍到六座桥塔以及水中的倒影。

三江风雨桥是侗族木结构建筑得到现代传承和发扬光大的体现，目前是中国规模最大的风雨桥。看着这宏伟壮丽的桥梁，我们不能忘记坐落在大山里那座集力学、美学、建造技艺和民族凝聚力于一身的程阳风雨桥。愿侗族的优秀文化遗产得到永久传承。

程阳八寨是座世外桃源。藏在深山中的侗族村寨环境优美，建筑独特，田园诗般的平静生活中有着宫殿建筑的惊艳，值得一游，如果喜欢热闹，赶在节日期间来，还可以吃长桌宴，听侗族大歌呢！由于高铁建设和国家村村通公路的扶贫政策，到这里旅游还是挺方便的。

三江风雨桥夜景

庆元如龙桥：
人间彩虹，梦幻廊桥

北宋画家张择端所画的《清明上河图》，描绘的是北宋时期，在北方中原繁华的都市汴京及城郊清明时节的风物人事。相传汴京人口庞大，城中汴河穿城而过，桥梁自然为数不少。在这幅画里，有一座木拱桥——虹桥，是连接汴水的纽带，桥上的人流和桥下的船舶点亮了整个画面，也是《清明上河图》的画眼。因为这座木桥不仅浓缩了当时汴京城的繁华，也代表着我国古桥梁建筑史上一个辉煌的顶点。

《清明上河图》画中的汴水虹桥是一种编木拱桥，也称虹桥，是世界上绝无仅有的一种木拱桥。古代匠人将一系列圆木分成两组作拱骨，采用"叠、压、贯、挤、拉、别"的构造方式，通过横梁交叉搭置、相互承托形成一个整体的拱形结构，由横梁横向连接将整个拱架形成整体，组成联排编木的拱形空间构架体系，并在上面铺木板作桥面。这种横梁上承纵梁的构造很好地保证了结构的整体稳定性，并共同承担桥面荷载，很好地解决了用短木材跨越较大空间的问题。在《东京梦华录》中有记载："其桥无柱，皆以巨木虚架，饰以丹艧，宛如飞虹"，故称虹桥。

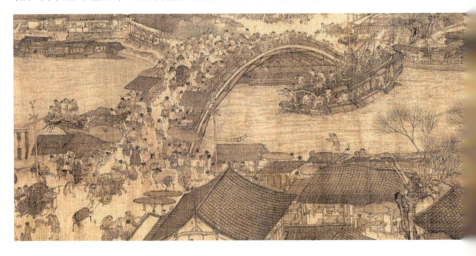

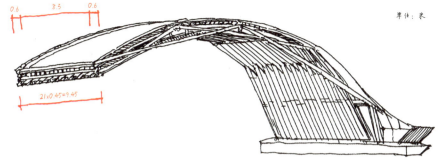

汴水虹桥编木示意图

张择端《清明上河图》

中国桥梁发展史上，有四大著名古桥，它们是汴水虹桥、河北赵州桥、泉州洛阳桥、潮州广济桥。除汴水虹桥之外的其他三座桥梁至今仍然留存于世，但结构造型最独特的汴水虹桥却早已荡然无存，"无柱飞桥"也在中原大地上失去了踪影，只是在《清明上河图》中诉说着往日的繁华与荣耀。

在很长的一个时期中，人们普遍认为，虹桥营造技术自宋代之后已经失传了。但研究中国古桥技术的学者们在浙江的庆元、泰顺、景宁以及福建寿宁等地，发现类似虹桥结构的木拱廊桥，在这类木拱廊桥的结构、形态、气势、美学、跨度上都找到了虹桥的影子。桥梁专家们普遍确认，这些木拱廊桥拱架部分的结构技术与汴水虹桥基本一致，北宋时期曾经盛行的虹桥技术并没有在中国消失，而是得到了传承。对此，著名桥梁专家茅以升先生主编的《中国古桥技术史》中有专门论述。木拱廊桥更因桥面上加了廊屋，古代能工巧匠能在桥屋上充分展现其精湛的建造技艺，将各种古代木结构建筑集于一身，使木拱廊桥拥有了其他类型桥梁没有的独特美感。木拱廊桥的独特造型，主要通过廊屋展现。

世界各地均有廊桥，但廊桥在中国已有2000多年的历史，汉代已有关于"廊桥"的记载，其中浙江省庆元县、泰顺县、景宁县以及福建省寿宁县、屏南县等，因拥有数量众多的廊桥被评为中国廊桥之乡。特别是位居浙西南的庆元县拥有 97 座古廊桥，是中国廊桥数量最多，且拥有最古老木拱廊桥的县。全国现存寿命最长的如龙桥，单孔廊屋最长的黄水长桥，单孔跨度最大的兰溪桥，有史料记载最早的双门桥、甫田桥和全国最长的木拱廊桥濛洲桥均在庆元县，故此赢得了"古廊桥天然博物馆"和"廊桥王国"的美称。

庆元木拱廊桥构造科学、造型美观、古色古韵、工艺精湛、文化底蕴深厚，廊楼亭阁，雕梁画栋，游龙飞凤，堪称当世一绝，是古代建筑艺术中的精华。其廊桥技艺萌芽于唐宋，成熟于元，鼎盛于明，转型于清，传承至今，可以说历史悠久。木拱廊桥又称为蜈蚣桥，其优美的弧形结构与山、水、自然融合，形成了浙南山区独特的风景。而且，千百年来，庆元廊桥不仅仅是一座桥，更结合了亭、桥、庙等建筑的功用，成为休闲娱乐、文赋书画、民俗文化与祭祀的重要场所。如今，庆元廊桥技艺已经被联合国教科文组织列为 12 项急需保护的传统技艺之一。

在庆元廊桥中，比较有代表性的就是月山村廊桥群。月山村位于庆元县东南部，自明清以来就以"二里十桥""举溪八景"等美誉名声远播，是一个历史人文源远流长的历史文化名村，有保存完好的廊桥多处，是一个小桥流水人家的美丽乡村，被《中国国家地理》称为"廊桥王国"里的"小王国"。

月山村已有 1000 多年历史，因后山形如半月，村前溪水曲似银钩，村庄坐落其间，如山环水抱的一轮圆月，被称为"月亮下面最美山村"。月山村建村 1000 多年至今没有被工业化涉足，是一个隐于深山里的世外桃源般的温馨古村落。这里风光优美，

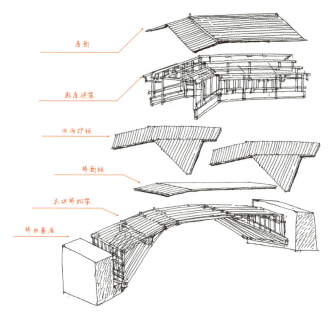

木拱廊桥构成
模型分解图

民风淳朴，历史文化积淀深厚，虽是大山里，自然景观和人文景观非常丰富，名列仕籍者多达 200 余人，文人世家辈出，是一个真正有故事的地方。走进古村，优美如画的自然风光和历史文化气息扑面而来，石阶古道，青山绿水，袅袅炊烟，品味着古村深厚的文化沉淀。沿着举溪，可见小河之上百米一桥，几座古廊桥错落有致，这里有著名的如龙桥、来凤桥、白云桥、步蟾桥等，美丽的廊桥与周围的景观构成了一幅恬然优美的画卷，穿越沧桑，气势如虹，美轮美奂。那巧夺天工的廊桥技艺，让人们感受到了千年历史遗韵。

廊桥是月山人生活中不可或缺的一部分，几百年来，桥上人来人往，述说着一个又一个动人的故事。其中，村口的"来凤桥"

上｜如龙桥，陈化诚摄

下｜俯瞰如龙桥，陈化诚摄

和村中央的"如龙桥"是"举溪八景"之一的"龙凤两桥"，也是月山村古廊桥群的精髓。

月山村诸多古廊桥中，最负盛名的便是如龙桥。

如龙桥始建于明初，其最初修建的年代，已经无从考证了，但桥正中廊屋上书写的二十五字墨书告诉我们，它的重修日期是"明天启五年"，即现桥重修于明天启五年（1625年），距今

正在修缮中的木拱廊桥如龙桥,陈化诚摄

已经近 400 年了。即便是从重修之日算起,如龙桥也是我国现存的有明确纪年的最早的木拱廊桥了。如龙桥是一座喜鹊窝式木拱廊桥,它位于月山村南侧的水口处,横跨举溪,呈南北走向,是月山村的风水桥。因桥与一侧山脊的古松林依稀相连,看起来桥似龙首下倾,仿佛巨龙卧伏,因此得名"如龙桥"。如龙桥全长 28.2 米,净跨 19.5 米,矢高 6.8 米,桥宽 6 米,有 9 间廊屋。其建筑造型别致,结构复杂,工艺精湛,集亭台楼阁于一体,在我国桥梁史上极为罕见,是我国现存木拱廊桥中不可多得的典型范例,具有很高的历史、艺术和科学价值。1997 年,如龙桥被列为浙江省省级文物保护单位;2001 年被列为第五批全国重点文物保护单位;2012 年 11 月,"闽浙木拱廊桥——如龙桥"被列入"中国世界文化遗产预备名单"。

如龙桥属于木拱廊桥,由桥台、木拱架和廊屋三部分构成。桥两端的桥台均为块石垒砌而成。桥拱系统的构造方式是现存的木拱廊桥构造方式的代表,即采用梁木穿插的编木工艺,民间称其为"蜈蚣结构",是汴水虹桥贯木拱的一脉相传和改进形式。桥屋更是如龙桥精心构建的重要部位,廊屋造型丰富,楼、阁、亭、殿、廊应有尽有，重檐歇山顶显得古朴典雅，装饰手法丰富灵活：有小巧生动的几何窗，有梁上精彩的彩绘和书法，有复杂的万字重叠斗拱，繁复的藻井，更有廊屋屋檐上丰富的泥塑、木雕。如龙桥是现存古木拱廊桥中，桥屋形态较复杂精美的一座，集中展现了中国古建筑丰富的表现手法。

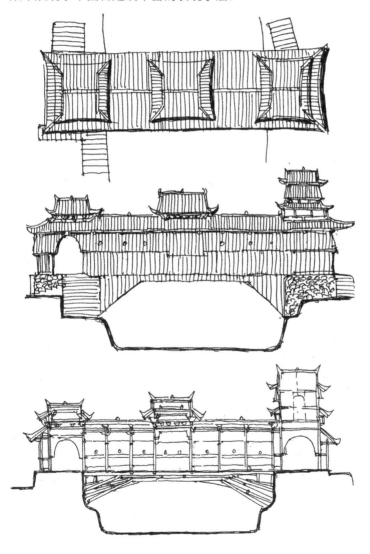

如龙桥平、立、剖面示意

如龙桥共有9间桥屋，造型讲究，结构科学，工艺精湛。在功能上，廊屋中间作通道，两侧设桥凳，过往行人既可歇脚避风雨，也可倚栏观景，是一座美观又实用的古代桥梁。廊屋里楼、桥、亭三者合一。桥北端建有三重檐歇山顶钟楼，钟楼二层四面开窗。桥南端开间为重檐歇山顶桥亭，桥亭三面辟门，与岸上卵石铺墁的古道相连。桥中间的桥屋也为重檐歇山顶，屋中设神龛，其上设有藻井，构造繁复，为廊屋外观装饰的主要部位。桥屋的局部重檐和三重檐结构，使桥面建筑轮廓错落有致。檐下复杂的斗栱体系也具有较强的装饰性，如意斗栱层层叠加，像一朵朵盛开的莲花。如意斗栱除了美观之外，还能将廊屋顶部的压力科学分解，平衡受力，使廊屋更坚固。屋面施方椽、望板、小青瓦合铺。廊屋两侧鳞叠铺钉三层木质风雨板，起到保护桥梁免受风雨侵蚀的作用，风雨板上开设有瓶形、圆形、扇形等形状的几何窗，用作采光及眺望，颇有宋代遗风。虽然桥屋封闭，走入其中光线有些暗，但透过小小的几何窗也可完成桥中人与桥外景致的互动，别有一番趣味。

桥中间位置的廊屋设有神龛，为旧时祀奉大禹之所，神龛上方悬挂着"如龙桥"三字古匾，三个大字苍劲有力，相传为当年

左｜如龙桥廊屋内景，陈化诚摄
右｜如龙桥的藻井斗拱最为经典，陈化诚摄

月山村名仕吴懋修的儿子、6岁神童吴之球所书。此匾额的真迹现收藏于庆元廊桥博物馆。顶部藻井精妙绝伦，随脊枋上有"明天启五年岁在乙丑四月十二日乙丑谷良旦吴门从新修造"二十五字墨书题记。桥上对联

    玉宇琼楼天上下，长虹飞渡水中央。
    上下影摇流底月，往来人渡境中梯。
    桥头看月亮如画，桃畔听溪流有声。
    桥廊风爽堪留客，波底星光可醒龙。

  如龙桥木拱架，净跨19.5米，外观呈八字形，由三节苗（第一系统）、五节苗（第二系统）及剪刀苗拱骨相贯而成。其中，三节苗为7组八字形拱骨，五节苗为6组五折边形拱骨，每组拱骨转折相接处都安上一根枋木，拱木端部做榫插入，使拱骨连成一体，将第一和第二系统间隔循环排列，两个系统通过横梁交叉搭置、相互承托形成整体的拱形结构，即架设廊屋的拱架平面。并通过拱上建筑的传递，承担桥面传下来的荷载。整个拱架不用一钉一铆，"八"字形榫卯结构体系，具备抗压、抗侧移的作用。木拱架与廊屋连接部分，用桥两端四根"将军柱"（也叫天门柱）从木拱架底垫木直通廊屋顶部，使廊屋与木拱架浑然一体，重心下移至底，稳定重心。桥面部分，桥面板上依次铺筹叶、木炭、沙石料，最后砌鹅卵石或香糕砖，具有通风、散气、防腐的功效。在技术上，其木拱架形式与北宋《清明上河图》中的汴水虹桥相似，但拱骨系统内"三折边""五折边"及"剪刀撑"等的设计则比汴水虹桥有了较大改进，比较科学地解决了廊桥的受力问题，使得整座拱架系统具有抗压、抗弯、抗拉、抗侧移等功能，还可以适应山区溪流湍急、山洪暴涨的情况，有效避免洪水及其夹带物撞击所造成的危险。

从木拱廊桥的整体性来说，桥拱很好地发挥了承重的功能，在拱架上建廊屋，从功能上来讲，桥屋不仅发挥了保护桥梁防风防雨免受腐蚀的作用，而且桥屋的存在增加了桥拱的压力，更有稳定拱架的作用，这些都体现了木拱廊桥的"功能协调"。桥屋往桥面施压，桥拱将桥面举起，重心都在桥拱上，而重量又由拱架中各部件共同承担，体现了木拱廊桥的"体重协调"。另外，桥屋造型的丰富多彩以及装饰艺术，如屋檐形式的多样化以及屋脊装饰等，提升了桥梁的整体美感。

　　站在桥侧从桥下仰望桥拱，桥拱的构造清晰可见，梁木纵横交错，紧密地叠压在一起，可谓巧夺天工，美妙绝伦。不用一钉一铆所形成的木拱架，稳稳地承托起整座桥梁，笔直的梁木，坚

桥下看桥拱结构

挺的拱架，独显桥拱的结构之美。评价建筑的形式美，除了了解它的整体造型之外，还应该深入探讨它所遵循的美学法则。

我们回头再对比看一下《清明上河图》中的汴水虹桥，从画中可以清晰地看到，桥拱的最外围一组拱骨是两根长拱骨和两根短拱骨，这就是我们说的编木拱的第二系统；往内一组是由3根等长的拱骨组成，即第一系统。如此循环第一和第二系统间隔排列下去，整座桥的主拱结构共由11组第二系统和10组第一系统的拱骨组成，拱骨相接处由5道横梁榫卯贯通，形成了整体桥拱体系的拱形结构，并承担桥面传下来的荷载。

木拱廊桥之所以能千年不倒，精髓在于桥拱。一座桥凝聚了古人的万千智慧，那时建桥没有设计图纸，木料需要一根根地计算，榫卯要严丝合缝，不能出一点错误。因此建一座廊桥，无论是选材还是设计建造都十分讲究。由于从同一个地方的树林砍伐来的杉木年份和密度都相近，从而木材变形相似，故许多桥附近都有一座"桥山"，供造桥取木，这样更有利于桥的稳固。

关于如龙桥的建造背景，在月山村有一个流传很广的民间传说：很久以前，月山村举溪两岸分别生活着吴姓和陈姓两大家族，那时是一个吃饭看天的年代，在天旱的年景，吴、陈两姓每年都要因争水而发生斗殴，给两家人员带来财产损失。后来，吴姓的吴如龙和陈姓的陈来凤通过比武而结亲，并共同商议决定合伙开凿引水渠，从此平息了争端，两大家族过上了平静和谐的生活。两家后人为纪念他们，便建造了如龙桥和来凤桥以警示后代。

转眼时间到了1625年，吴姓后人吴懋修在重修如龙桥时，提醒族长在桥屋中间随脊枋上做了墨书的题记，留下了二十五字墨书："明天启五年岁在乙丑四月十二日乙丑谷良旦吴门从新修造"。这一墨书真迹就存于屋脊第三排横梁上,因岁月洗刷已经很难辨认了。

"如龙桥"匾额,庆元廊桥博物馆提供

为更好地展示庆元的廊桥文化,庆元县于 2011 年修建了中国庆元廊桥博物馆,以廊桥为主题,从历史、技艺、自然、人文、保护等方面来解读廊桥文化,采用"桥馆合一"的建筑理念来诠释廊桥文化。博物馆外观设计古朴典雅,总面积 3300 平方米。廊桥博物馆分为序厅、历史篇——梦回廊桥、技艺篇——巧夺天工、自然篇——人间彩虹、人文篇——情有独钟、保护篇——牵手廊桥和结语七个部分,以庆元及周边地区的廊桥遗存与廊桥文化为切入点,系统展现中国廊桥的技术特色与文化魅力。馆内镇馆之宝为一座做工精湛的如龙桥模型,观众可以由此详细了解如龙桥的构造特色。2015 年,廊桥博物馆推出的文创产品"木拱廊桥拼装模型——如龙桥"取得国家知识产权局颁发的外观设计专利证书。

如龙桥整座桥保护得非常好,雨洗风拂,让木质结构的廊桥极具质感。立于桥上,于廊凳小憩,静静欣赏藻井层层叠起的如意斗拱,精美的雕花,感受巧夺天工的廊桥技艺,品味祖先充满智慧的创造,听桥下流水叮咚,透过风雨板上各种形状的瞭望窗

如龙桥模型,庆元廊桥博物馆提供

中国庆元廊桥博物馆,庆元廊桥博物馆提供

观满山苍翠,如诗如画,好一份岁月静好,让纷繁的心境瞬间平静下来。

在月山村,无论是古朴雅致的步蟾桥,若飞若舞的来凤桥,还是如仙飘逸的白云桥,座座精美绝伦,灵动飘逸。每一座廊桥,都有一个美丽的故事。这些国宝级的古廊桥,任凭时代变迁,岁月荏苒,风吹雨打,几百年来它们就静静地守候在这里,向人们娓娓述说着古代先人的智慧,记述着发生在它们身边的精彩故事,护佑着一方乡里的出行。走在桥上,犹如置身于一幅恬淡空灵的水墨画卷,放慢脚步,细细感受着。走过去的是流淌的时间,只有桥在那里,守望不变。

如龙桥三重檐歇山顶钟楼。陈化诚摄

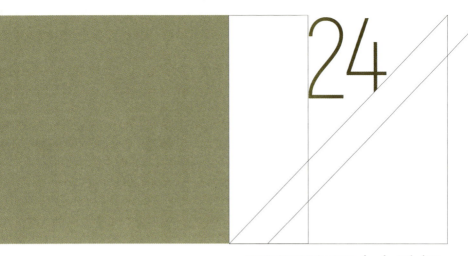

24

漫话颐和园十七孔桥：
需要细细品味的园林工程杰作

现今的颐和园万寿山在元代叫瓮山，前面有一片湖泊称瓮山泊。据专家考证，这片自然水域有约 3500 年的历史。元代为了给京城提供充足的水源，水利专家郭守敬将昌平白浮泉以及西山一带包括玉泉山的泉水引入瓮山泊，作为调剂京城用水的蓄水库。在明代这一带水域种植荷花，周边水田种植水稻，湖旁有寺院、亭台，湖光山色、风景优美，有"西湖十寺"与"西湖十景"之称。清代乾隆十五年（1750年），这一带兴建了清漪园，整修了水域，并依据汉武帝在长安开凿昆明池操演水战的故事，命名昆明湖。1860 年，英法联军攻入北京，焚毁清漪园。1886 年，慈禧太后以筹措海军经费的名义动用 3000 万两白银重建园林，1888 年改名颐和园，作为自己消夏养老的场所。

颐和园占地 3 平方千米，其中 75% 是水域。整体建筑布局以杭州西湖为蓝本，建筑结构以江南建筑为参照，是一座大型皇

颐和园平面图

家园林。颐和园中有许多使游客流连忘返的著名建筑，排云殿、佛香阁、长廊、石舫、苏州街、谐趣园、大戏台等，吸引着络绎不绝的游客慕名而来。来到颐和园，如果想清净，可以沿昆明湖西堤散步，站在那些美丽的园林景观桥上欣赏昆明湖的湖光山色和玉泉山、西山的风景。柳桥、练桥、镜桥、玉带桥、豳风桥、界湖桥、半壁桥等，各具特色，美不胜收。这些桥梁像穿珠子一样，把各个园林连成整体，不认真数还真数不过来。

打开颐和园平面图，我们可以看到昆明湖中有三座人工岛，分别是南湖岛、治镜阁岛、藻鉴堂岛。目前对游客开放的只有南湖岛，通向南湖岛的桥梁为十七孔桥。

上 | 颐和园十七孔桥
下 | 历史上的十七孔桥

十七孔桥又名长堤桥，是一座连拱石桥。建于清代乾隆十五年（1750年），全长约150米，宽8米，距水面最高处7米，17个拱净跨度从4.2米到8.2米不等，对称排列。十七孔是设计者的刻意选择，因为从桥两侧向中间数，顺次都是九。九在中国象征的是吉利，如"一言九鼎""十拿九稳""九五之尊""九天揽月"等。对于这座桥来讲，应该是"九九归一"的意思吧。

上｜十七孔桥石狮
下｜德国建筑师恩斯特·伯施曼拍摄的十七孔桥石狮

十七孔桥整体设计与昆明湖及周边环境非常协调,从长度方向看,一个硕大的圆弧拱把17个拱券抱在一起,犹如一座长虹卧在昆明湖上。从垂直桥向看,17个大小不一的孔洞,足够游船在桥下穿梭,200多年以来桥下也没有出现过塞船的现象。如果说多跨桥梁特别是连拱桥是有韵律的工程,那么十七孔桥高度的逐次变化、桥孔尺寸的逐次变化、桥梁曲线的渐进变化,细品真是韵味十足啊。

颐和园十七孔桥兼有苏州宝带桥和丰台卢沟桥的优点,然而就美观协调、用料讲究、建造精良来讲,又是那两座桥不能相比的。十七孔桥两侧汉白玉栏杆,有128根望柱,每根望柱上雕刻着数量不等、形态各异的石狮子,有人数出大大小小共544只,比卢沟桥多出43只。但是与卢沟桥的石狮子相比,年代不够久远,也没有那么活泼生动。

颐和园十七孔桥作为一座园林桥梁,桥下的水面可以人为控制,相对平静,不会被水患破坏,桥上只有行人,不会因过重的荷载被破坏。虽然也会经风历雨,但比起在大江大河中的桥梁来说,十七孔桥就像深居闺阁中的高贵小姐,最重要的是保持了原

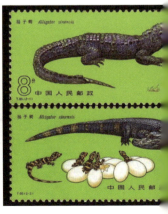

铜牛与灵鼍

始风貌，以美示人。说十七孔桥是一座艺术品一点儿都不为过。

首先是布局之美。沿昆明湖东堤南行比较单调，但是走到十七孔桥附近却别有一番景象。如果从空中俯瞰，有八方亭做头，南湖岛做身，十七孔桥做颈，俨然一幅长寿龟图。

湖边还有铜牛，铜牛是皇帝效仿先人镇水患用的。其上雕刻有乾隆亲题的《金牛铭》。十七孔桥两侧分别雕刻着乾隆皇帝的亲笔题字。南边向阳的一面是"修蝀（dōng）凌波"，形容十七孔桥像一道彩虹，飞架在昆明湖的碧波之上。北侧是"灵鼍（tuó）偃月"，把十七孔桥比作水中神兽，横卧水中如半月状。鼍在字典中的解释为扬子鳄，乾隆在形容十七孔桥时把其比作像鳄身的水兽，真是有几分贴切呢。有了铜牛与灵鼍，十七孔桥就有了生气，昆明湖的风景也有了呼应。

当然十七孔桥的美还在于桥梁与环境协调之美。昆明湖碧波荡漾，桥梁倒映在水面上。上面的正桥庄严恢宏，下面的 17 孔倒影婆娑灵动，刚柔相济。冬日湖水凝固，倒影与桥梁合成梭形，更突显了桥梁的雄浑壮丽。

十七孔桥与扬子鳄。图片来自国家邮政总局 1983 年发行的扬子鳄邮票

上｜初冬的十七孔桥
下｜玉带桥

　　十七孔桥从东堤通过圆弧拱的缓坡把游人送到南湖岛。玉带桥和绣漪桥桥型虽然非常美观，但是走到桥下会有一种高山仰止的感觉，爬桥也会因为坡陡而喘息。实际上给桥梁设计坡度也是一门学问，轮椅坡道一般为6%，最大不超过12.5%。人行道纵坡一般不大于2.5%。十七孔桥的坡度大约为8%。虽然那个时代人们还不懂设计规范，但设计一个比较缓的坡，最起码皇亲贵族可以乘轿通过桥梁，而玉带桥、绣漪桥坡度都超过30%，道路就修不成坡道，只能修成台阶了。所以，今天的我们能舒舒服服地走在十七孔桥上,乘坐轮椅的人也有条件上桥,应当感谢古人智慧。我们在这里只是想说,在考虑美观的同时,当时的设计者还能兼顾人们行走的舒适性,真是了不起。当然,规范是现代人制订的,如果那时候都拘泥行走的舒适性,也就没有像玉带桥那样如诗如画的桥梁了。

近年十七孔桥因金光穿洞美景成为网红打卡地。这是由于十七孔桥建设的时候并非正东正西方向,它与正向形成了大约21度的夹角,而这个角度刚好使冬至日附近日落时的阳光能够贯穿整个桥洞并照亮东侧孔壁,于是大自然与人工建筑共同造就了金光穿洞的美景。

十七孔桥金光穿洞

虽然我们每一个人都能感受到冬日太阳起落的方向偏南,夏天太阳起落的方向偏北,但是要确切地了解金光穿洞的原理还是需要一些天文学知识。北京航空航天大学张华、王丹阳两位老师曾经在《现代物理知识》期刊2020年第6期上发表了一篇文章《颐和园十七孔桥"金光穿洞"原理小议》,详细分析解释了十七孔桥金光穿洞的奥妙,基本原理如下:

　　北京颐和园地区处于地球大约北纬40度的位置。下图显示在北纬40度,冬至、春分、秋分、夏至几个节气该地区日出与日落的时间、轨迹及方位。可以看出冬至时,北京日出最偏东南,日落最偏西南。十七孔桥的方位为东偏南21.3度,而日落时光线的方位角为西偏南31.7度。桥梁与光线之间的夹角为53度。由于桥孔较大而宽度足以让光线贯穿并照亮东侧墙壁,就有了十七孔桥的金光穿洞奇观。按照此理论,张华等还推算出,金光穿洞不仅可以在冬至日前后一个月都能看到,也可以在夏至日出的时间在东南方向看到,只不过那个时间日出太早(4点30分),公园并不对游人开放,一般人不容易看到罢了。冬至日前后,阳光照射的强度较弱,照在桥孔中使孔洞偏红黄,显现出不同寻常的美丽光影,因而成为摄影爱好者的追逐目标。

　　近年,由于网络的宣传效应,每到冬至日前后,十七孔桥西

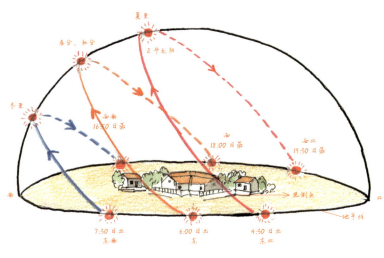

北纬40度地区二分二至日日出日落示意图

侧的南湖岛岸边人满为患，甚至由于人太多有些时段会被限行。要想找到好的拍摄机位需要长时间等待。其实，还有许多角度可以欣赏十七孔桥金光穿洞美景，如果带上长焦相机站在万寿山上，也可以居高临下拍摄金光穿洞。这个位置不但可以清晰地拍摄到夕阳照射到 17 个孔洞的美景，还可以拍出整个园林以及园林外气壮山河的京城风光。

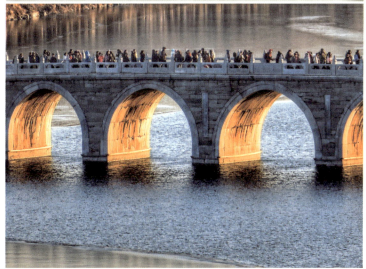

站在万寿山上看金光穿洞

如果在落日时沿着东堤向十七孔桥走,更有好风景在等待我们。美丽的落日刚好在十七孔桥上,金色的阳光从孔洞中穿过形成的细长的尖拱,恰恰就是光线与拱形桥洞夹角映射出的形状。这样的美景真是把人看醉了。

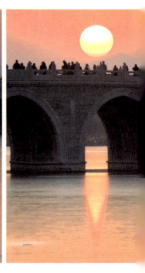

从东堤看十七孔桥金光穿洞

十七孔桥到今年已经有 200 多年历史,我们在资料文献中找不到桥梁的设计者和建造者的名字。但是我们想告诉古人,他们别具匠心的设计,我们体会到了,他们精心建造的艺术品我们欣赏到了,他们精益求精的工匠精神我们会世代相传,像他们一样,做一个工程,就要造福千秋万代人。

在中国还有一座古代十七孔桥也值得我们浏览观光,那就是云南建水的十七孔桥。这座桥因为横跨泸江和塌冲河汇合处而被称作双龙桥。其中 3 孔建于清乾隆年间,道光十九年(1839 年)续建 14 孔,将原来的坡道填高与新桥连接,合成十七孔桥。桥梁全长 148 米,宽 3 米。桥梁有 17 孔尖拱,桥上有三座桥亭,清代损毁一座,现存两座。1965 年,著名桥梁专家茅以升先生曾来这里考察，将其列入中国古代桥梁史册。2006年双龙桥被列为全国重点文物保护单位。

双龙桥中部的桥亭鼓出桥台，建设成3层方形楼阁，顶层为歇山顶，檐牙高啄，巍峨壮丽。有机会到建水旅游，可以一睹双龙桥的雄伟。

上｜双龙桥（云南建水十七孔桥）
下｜双龙桥中间楼阁

25

都江堰安澜索桥：
被列入世界文化遗产的最古老索桥

德国建筑师恩斯特·伯施曼拍摄的安澜索桥

安澜索桥又叫安澜桥,位于四川都江堰市,又名"夫妻桥""何公何母桥",宋代前被称为"珠浦桥",宋代时曾改称为"评事桥",是一座名扬世界的古索桥,是世界索桥建筑的典范,也是我国著名的古桥之一。安澜索桥全长240余米,飞架在岷江内江和外江的分水处,横跨都江堰水利工程,是古代四川西部与阿坝之间的商业要道,也是藏、汉、羌族人民联系的纽带。

索桥是我国古代人民为征服高山峡谷、急流险滩,利用本地竹木资源创建的悬空过渡的桥梁形式。相传安澜索桥建造在战国末期,至少不晚于李冰修建都江堰水利工程的年代,最早称绳桥或竹藤桥,这名字与其建桥材料有关,明代末年毁于战火。此后人们只能凭渡船过江,雨季洪水暴发常致江水暴涨,经常发生渡船翻覆事件,且乘客也屡受渡船老板勒索。清嘉庆八年(1803年),由何先德夫妇倡议重新修建竹索桥,桥全长320米,桥缆索是用粗的竹索挽成的,竹索由木桩承托,在竹索上面以木板铺桥面,旁设扶栏,两岸行人可以安渡狂澜,平安渡江,因此更名为"安澜桥"。传说桥最初建成的时候没有扶栏,有一个人喝醉了酒,过桥时从桥上掉下去摔死了。修桥的何先生因此被官府处死,何太太为了为丈夫雪冤,想尽办法给桥加修了栏杆,人们走在桥上就安全多了。民间为纪念何氏夫妇,又称之为"夫妻桥"。这个故事在民间流传很广,并且演绎出好几个版本,后来还被改编成川剧搬上舞台。

新中国成立后,安澜索桥经历了几次大修,1974年因修建外江水闸,安澜索桥比原址下移100多米。目前,安澜索桥坐落于都江堰首鱼嘴上,重修时将竹索改为钢缆索,扶栏仍以竹藤包缠,承托缆索的排架木桩改为混凝土桩,改平房式桥头堡为大屋顶双层桥头堡,改单层金刚亭为可供行人休息的六角亭,增建

左│安澜索桥桥碑
右│安澜索桥现貌

沙黑河亭，桥身长度也缩为240米。安澜索桥是都江堰最具特征的景观，也是参观都江堰必经之地。

安澜索桥的具体初建年代虽然已经无从考证，但至少在宋代时它就以"评事桥"的名字存在了，唐代时它也出现在唐诗名作之中，杜甫曾经亲自参观过这座古索桥，并在他的诗《陪李七司马皂江上观造竹桥》中赞美了安澜索桥的修建。诗中写道：

伐竹为桥结构同，褰裳不涉往来通。
天寒白鹤归华表，日落青龙见水中。
顾我老非题柱客，知君才是济川功。
合观却笑千年事，驱石何时到海东。

一直以来，都江堰都以其深厚的历史文化、优美的自然环境吸引着各界名家前来参观。著名桥梁专家茅以升先生更是在其文章《介绍五座古桥》中，介绍了五座在我国历史上及科学技术发展史上都有过贡献的古桥，其中第一座就是安澜索桥，并对安澜索桥进行了详细的描述：

"编竹绳跨江"的竹索桥，其结构如下：以竹丝编成竹缆，粗如碗口，陆续接长，横跨全江。其两端绕系于横卧大木碾，转动木碾时拉紧竹缆，以免下垂过度。大木碾安置于木笼内，木笼位于两岸石岩中所凿的石室。竹缆10根平列，上铺木板为桥面，可以行人，两旁各有较细竹缆6根，作为栏杆。由于桥底竹缆太长，下面用木排架8座及石墩1座承托，将桥分成九孔，全长320米，一孔最大跨度达61米。每座木排架用大木桩5根，打入江底，中用横木连接，下有石块堆砌，其两边木桩较长，形成斜柱。石墩一座，位于都江堰的鱼嘴上，内有石室，亦有大木碾，可以拉紧竹缆，其作用与两岸的大木碾相同。

这座桥，以竹为缆，以木为桩，都是就地取材。与都江堰的水利工程相似，用竹笼装石，筑成堤堰，用竹木绑成三脚架的'杩槎'，放在水边，堆上黏土，成为临时拦水坝，费省效宏，简单易行。足见历代劳动人民的巧思高艺。

关于安澜索桥，著名作家巴金先生曾经写过一篇关于它的散文《索桥的故事》，并被收入小学语文课本中。文中描述了巴金先生游览安澜索桥的经历和感受，他在文中写道："谁要是到都江堰走一趟，谁要是在索桥上站片刻，他一定会得到比故事更美、更好的东西。"

安澜索桥是要与我国古代伟大的水利工程都江堰一起游览的，桥头的二王庙就是为纪念都江堰水利工程的建设者、秦蜀郡太守李冰及其儿子二郎而修建的。2000年，都江堰和青城山一起入选世界文化遗产名录，其中安澜索桥、二王庙古建筑群都是世界文化遗产都江堰的重要组成部分。漫步桥上，岷江水从桥下奔腾而过，向东瞭望灌渠纵横，都江堰工程的概貌及其作用一目了然。

杩槎、竹笼

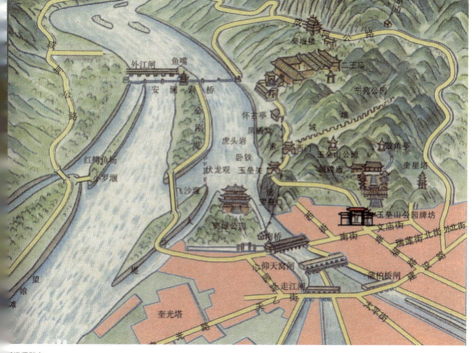

都江堰和安澜索桥全景

安澜索桥虽然只是一座人行索桥，貌不惊人，但是这座索桥为我们服务了 2000 多年，仍然屹立不倒，仅此一点就已经令人叹服。

二王庙

上海外白渡桥：
鲜活的百年名桥

有一座桥,频繁地出现在影视作品中,向我们娓娓述说着无数或真实或虚构的动人故事;在现实生活中,它更是一座见证了无数经典传奇的名桥,以沧桑而浪漫的风采,点缀着上海外滩的璀璨风景。在我上学的年代,每当开心或者不开心的时候,我都会来到这座桥上,在熙熙攘攘的车流人流的陪伴下安静地看江上风景,这座桥曾给了一个少女 8 年的温柔陪伴。这座桥,就是坐落在上海外滩的外白渡桥。

上海名片——外白渡桥远景,陆湧摄

地处苏州河和黄浦江交汇处的外白渡桥是上海的地标之一。现今的外白渡桥,其实已经是它的第三代桥身。现在的外白渡桥于 1907 年建成,是一座钢结构铆接不等高桁架结构桥梁,它既是上海的标志,同时也是上海现代化和工业化的象征。在上海这样一个日新月异的城市里,百年过去,历尽沧桑的外白渡桥现在依旧散发着迷人的魅力。最重要的是它一直保持着鲜活的生命力,是上海人日常生活中的一部分,带着一股与市民生活息息相关的浓郁的烟火气。

关于外白渡桥，在上海没有哪座桥像它一样，承载着如此丰富的历史故事，充满浪漫和传奇的色彩。100 多年来，外白渡桥上发生过众多震惊中外的历史事件，如"一·二八事变"、淞沪会战等。1949 年解放战争时，为了阻止解放军进入上海，国民党军占据苏州河北岸百老汇等高楼负隅顽抗，且在外白渡桥上堆起炸药、布上导火索，意图炸毁大桥。解放军二十七军一连战士，以迅雷不及掩耳之势由桥南扑上，及时割断导火索，使外白渡桥化危为安。这座桥与上海市的命运息息相关，见证着光荣和屈辱，分享着荣耀与艰难。

开埠之前，苏州河上是没有桥的，人来人往都要靠船来摆

外白渡桥老照片

渡，因此沿苏州河就有了一连串的摆渡渡口，从东往西依次叫头摆渡、二摆渡、三摆渡……而位于头摆渡以东的苏州河与黄浦江交汇处的渡口，就叫外摆渡。转眼到了19世纪中叶，苏州河两岸分别辟设了英美租界，每天摆渡过河的人、车与日俱增，交通不便，对经济和社会发展产生了很大的制约。此时一个名叫威尔斯的英国商人，从中看到了商机，出面组织了"苏州河桥梁建筑公司"，于1856年在外摆渡口的位置建造了一座木桥，名为威尔斯桥，但当地人却称其为"外摆渡桥"。这座桥建成之后，威尔斯对过往行人及车辆收取过桥费，发了一笔横财。威尔斯桥应该算是如今的外白渡桥的前身第一代桥。

后来，威尔斯桥在潮汛中部分坍塌，加之木材老化，桥梁损毁，无法正常使用。1873年，上海公共租界工部局拆除了威尔斯桥，又重新建起了一座木结构大桥，桥长117米，宽12米，桥面两边还设有2米多宽的人行道，并起名"花园桥"（Garden Bridge）。因新建的木桥过桥无须缴费，深受百姓欢迎。新建木桥极大地方便了苏州河南北的交通往来，每日过桥的行人、车马不计其数，而且过桥一律不收费，民间便称这座桥为"外白渡桥"，久而久之，它的原名"花园桥"反而被人遗忘。

1906年8月，第三代外白渡桥改建工程打下了第一根桩，桥梁建设过程历时一年多，于1907年底建成并投入运营。这是一座两跨的全钢结构大桥，桥的上部结构为下承式简支铆接不等高钢桁架，每跨跨径52.12米，每跨11个节间，每节长约4.74米，桁高变化不等，中间高9.144米。下部结构为木桩基础钢筋混凝土桥台和混凝土空心薄板桥墩。梁底标高5.75米，桥下可通航。大桥全长104.24米，桥面宽18.4米，其中车行道宽11.2米，两边人行道各宽 3.6 米，这种人车分流的设计在当时是非常超前的。同时，外白渡桥作为杨树浦沿外滩到南京路电车轨道的必经之路，桥面上铺设有中国第一条电车轨道。

这是上海第一座全部用钢材建造的桥梁。1889 年为巴黎世博会建成的埃菲尔铁塔，是世界进入钢铁时代的标志。而就在其后没几年，尽管当时我国在钢铁工业领域还一片空白，上海公共租界工部局经过探讨和比较，决定把外白渡桥建设成一座钢桥。外白渡桥从图纸设计到技术标准全部都是英国的。桥梁的承建设计单位为英国霍华思 · 厄斯金公司（Howarth Erskine Ltd.），桥梁钢结构构件由英国克莱夫兰桥梁建筑公司制造，由帕利和比德公司代表"工部局"在英国监督加工制作（监理单位）。建桥使用的所有钢构件、辅助材料和设备均由英国进口。虽然大桥的

修缮一新的外白渡桥，陆湧摄

设计、制造和安装等技术和标准都是外国公司完成的，但是这座桥却是中外合作的结晶，在钢桥的安装施工中中国工匠发挥了重要的作用，施工现场有几百名中国工匠在日夜奋战。期间还发生了一个流传极广的故事：大桥建设初期，施工就遇到了一个难题。因为钢桥是在老木桥基础上建造的，河道里有老木桥原先打下的桥桩，牢牢地嵌入河床拔不出来，导致新桥基础施工受阻无法进行，后续工序受阻。当时承建桥梁工程的外籍工程师们一筹莫展，

"工部局"不得不登报招标,来解决这个难题。当时上海姚新记营造厂的建造匠人姚锦林胸有成竹地揽下这一难题,他在苏州河里停上几条大船,趁落潮时把旧桥桩固定在船上,涨潮时,靠水的巨大浮力,把桥桩一根根拔了出来。姚工匠的技艺深得工部局工程人员的赞赏,之后姚锦林等人参与完成了许多建设工程。

外白渡桥桥梁钢结构的连接采用了当时先进的铆接技术,所谓铆接,就是用铆钉把钢铁部件连接起来。通俗来讲铆接就是指通过在两个厚度不大的板上打洞,将烧红的铆钉放进去,用铆钉枪将铆钉铆紧,而将两个板或物体连接在一起的方法。这是一种在20世纪初期钢结构建筑中常用的先进连接技术。随着工程技术的不断发展和更新,出现了更先进的连接技术和标准,现在桥梁建设中,铆接工艺已不再使用,钢结构的连接更多采用焊接连接和高强螺栓连接。但外白渡桥作为当今中国唯一留存的不等高钢桁架结构桥梁,留有浓郁的时代特征。

外白渡桥的建设成功,是现代交通文明成为现代生活重要组

外白渡桥下承式铆接不等高钢桁梁,陆湧摄

钢桁架细部,陆湧摄

轻盈通透的钢结构桥身
与环境相融合,陆湧摄

成部分的表现,标志着一种全新的现代生活的到来,也彰显了上海在现代文明引进和建设上的领先与新潮,以及上海作为现代都市先行者的深厚历史。外白渡桥采用了当时西方工业文明最先进的钢结构技术建造而成,在设计上又受到了中国传统文化的影响,钢结构的桥身结构轻盈通透,诠释了一种"空灵"的设计理念,在这种江河交汇地带特别适合。桥与环境密切融合,体现了中西交融、海纳百川的海派文化的精髓。可以想象,当一辆有轨电车"叮叮当当"地从桥上缓缓开过,那是怎样一幅现代时尚的图画。对此,著名作家茅盾在他的小说《子夜》中曾有生动的描写:"暮霭挟着薄雾笼罩了外白渡桥的高耸的钢架,电车驶过时,这钢架下横空架挂的电车线时时爆发出几朵碧绿的火花。"朦胧的美景宛如一幅绝美的印象派油画。

外白渡桥的修建打通了苏州河河口南北的交通,也由于外白渡桥在地理环境、经济、文化等方面的多重影响,它的周边区域迅速聚集了一大批重量级机构及其建筑,如桥东北的礼查饭店(现浦江饭店)、俄罗斯驻上海总领事馆、桥西北的百老汇大厦(今上海大厦)、桥东南的黄浦公园。在桥南,更多的现代建筑在黄浦江边纷纷建成,成就了蜚声世界的外滩建筑群,以及上海引以为豪的城市天际线和门户景观,以至于一个世纪以来外白渡桥作为上海的一张名片,经常出现在各种镜头中,被中外许多影视作品所用。上海市政府部门在很长时间内也把外白渡桥选作上海市的代表性形象,让其出现在各类宣传片中。

外白渡桥和桥北建筑群

从 20 世纪三四十年代到 21 世纪，外白渡桥作为代表上海的一个文化符号，频繁出现在多部影视作品中。20 世纪三四十年代有《马路天使》，五六十年代有《团结起来到明天》《聂耳》，改革开放后则有《阮玲玉》《上海伦巴》《苏州河》《大城小事》《海上传奇》《东风雨》等众多影视作品。最近几年，则是《小时代》《巨齿鲨》等。2010 年前后的《上海世博会宣传片》以及 2018 年的《上海进博会宣传片》，也都不约而同地使用了这一符号。通过这些作品的传播宣传，外白渡桥文化符号的特征越来越得到强化，最后从众多的上海经典历史建筑中脱颖而出。一方面它见证了上海乃至现代中国的百年历程，另一方面它既融入外滩建筑群中，又与浦东陆家嘴摩天大楼建筑群形成对比，建构起上海人具有海派情怀的集体身份认同和归属感。

城市如人，亦有个性。上海在中国城市史上有着特殊的地位，作为最早崛起的近现代城市，其近现代历史建筑保存最多，也保护得最好。上海还是改革开放后中国发展最快的城市，又快速积累了一大批新的城市标志性建筑，这些新建筑又一次改写了上海的城市天际线。在上海众多优秀的新老建筑中，外白渡桥和东方明珠电视塔，是知名度和认同度最高的上海地标性建筑，作为一新一旧两个城市地标，分处黄浦江两岸，当它们被放在一起，就在空间和时间两个维度上，共同象征着上海的历史跨度，以及其中的继承、对比、创新和发展。

历尽沧桑的外白渡桥早已超期服役。从 1908 年到现在，外白渡桥一直默默地静卧在苏州河口，忠实履行着它的职责。

2008 年，上海市对外白渡桥进行了建桥以来的第十次大修，也是规模最大的一次修缮。采用"移桥法"方案，将桥的上部结构从原处拆下，移送至上海船厂进行全面修缮。对其进行了局部杆件的加固和变形矫正，更换了部分构件及锈蚀铆钉，修旧如旧，恢复原桥最初设计风貌。拆除老桥墩后新建了桥墩、基础，南北两个桥台采用直径 1200 毫米的灌注桩作为围护，围护桩共 120 根，中墩采用沉井封闭并在井内灌注桩；更换原混凝土桥面板为正交异性钢桥面板。10 个月后，大桥原位安装恢复，重新焕发百年老桥的英姿。此次大修后，外白渡桥的寿命将再延长 50 年。

外白渡桥既是近代上海的见证者，又是上海城市不可或缺的一部分，是现代上海城市生活的一个要素，在百年风雨中已经深深融进了上海人的生活，它浓缩和留存了历史的记忆和沧桑。一个多世纪以来，外白渡桥与上海这座快速发展的城市朝夕相伴，将一代又一代上海人的城市记忆凝聚于此，成为一种城市的"灵魂"，体现了上海的历史与思想。可以说，它对上海城市发展起到无与伦比的作用。

1996 年，上海外滩建筑群被列为全国重点文物保护单位。

桥上风景，陆湧摄

27

不老铁桥兰州中山桥:
天下黄河第一桥

去兰州旅游,一定要看有"天下黄河第一桥"之称的黄河铁桥——兰州中山桥。

说实话,兰州有点处于旅游形象感知的灰度区,既有来自丝绸之路上游洛阳和西安的竞争,也有下游乌鲁木齐和省内旅游城市敦煌、嘉峪关乃至张掖、武威的竞争,旅游形象不鲜明。这就导致来兰州的游客大都是过路客,本该是展百里黄河画卷、赏千年丝路风情的地方,却让兰州牛肉面成了兰州的旅游名片。而最能体现兰州黄河文化的兰州中山桥——天下黄河第一桥,成了"酒香也怕巷子深"的现实桥梁版的存在,在大众旅游市场的知名度不高,只是在专业工程领域里被频频提起。

兰州中山桥俗称"黄河铁桥",是现存的兰州历史上最悠久的古桥,也是5464千米黄河上第一座公路桥,因而有"天下黄河第一桥"之称。铁桥位于兰州市滨河路中段北侧,白塔山下、金城关前,桥长233.5米,宽8.36米,是一座四墩五跨的钢结

兰州中山桥(兰州黄河铁桥)

构桥梁。据《创建兰州黄河铁桥碑记》记载,兰州黄河铁桥从清光绪三十三年(1907年)开始修建,以德国泰来洋行承包建设,美国桥梁公司设计,中国工匠施工的合作模式建造,且建桥所用材料构件均由泰来洋行从德国购买。建桥共花费国库白银30.66万两,历时近两年半,于宣统元年(1909年)竣工,命名为"兰州黄河铁桥",1928年为纪念孙中山先生改名为"中山桥"。作为德、美两国工程师、中外工匠与甘肃各界通力合作的结晶,兰州黄河铁桥是中国近代史上最早的国外技术引进项目之一,这座铁桥的建成,结束了黄河上游千百年来没有永久性桥梁可供通行的历史。2006年5月,兰州中山桥被国务院列为第六批全国重点文物保护单位,属于国家级文物桥梁。

中山桥的前身是黄河浮桥,黄河浮桥是明洪武五年(1372年)宋国公冯胜在兰州城西3.5千米处始建的,明洪武九年(1376年),卫国公邓愈将此桥移至城西5千米处,称为镇远桥。明洪武十八

兰州中山桥全貌

桥头"黄河第一桥"石碑

年（1385 年），兰州卫指挥杨廉将浮桥移至现在白塔山下的位置。因为靠近城区，除了军事用途外，这座浮桥成了黄河历史上第一座可供民众过河的黄河浮桥。至今兰州还存有当年浮桥所用的重10 吨、长 5.8 米的铸铁柱，人称"将军柱"，柱上铸有"洪武九年，岁次丙辰，八月吉日，总兵官司卫国公建斯柱于浮桥之南，系铁缆一百二十丈"的字样，就立于现在中山桥的桥头一侧。所以，对于现在 110 多岁的中山桥来说，其桥史却已经有 600 余年了，可谓是历史悠久。

兰州中山桥由上部结构（桥身）和下部结构（桥墩）两部分组成，四墩五跨，单孔跨径 46.7 米，铁桥长 233.5 米，总宽 8.36 米，其中车行道宽 6 米，两边人行道各宽 1 米。桥梁上部结构为 5 跨简支铆接梯形穿式钢桁架梁，每跨两片桁架，共计 10 片桁架，桁架高 5.1 米；每片桁架有 9 个节间，每节间各为 5.1 米。桁架结构通透简洁，变化丰富，构成一个框架清晰又有韵律的立面。桥面由工字钢横梁和枕木纵梁组成，上铺沥青铺装层。桥梁设计

左｜兰州黄河浮桥老照片

右｜镇远浮桥的将军柱

简洁明了，轻盈舒展，没有多余冗杂的装饰，是工业化时代新材料、新结构、新技术、新工艺在桥梁建筑领域的体现，一种很工业风的建筑风格。

1954年中山桥进行了一次大修加固，在原平行弦杆桁架上端增设了拱形钢桁架，提高荷载到汽车-10级，加宽了人行步道，使铁桥更加坚固耐用，造型上更加大气流畅，气势磅礴。2004年和2011年，按照"修旧如旧""不改变文物原状"的原则，

中山桥原貌

第二篇　我国古代名桥：天上有彩虹，人间有长桥 | 243

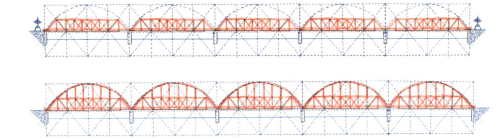

上 | 1954 年大修前后结构对比
下 | 中山桥现貌

对兰州中山桥再次维修加固。为满足现有规范对桥梁的要求，并综合考虑文物保护的要求，2011 年采用计算机同步控制提升技术及合点提升技术对钢桁梁进行了整体提升，将中山桥整体提升了 1.2 米，桥墩外包混凝土加固，以满足河道通航净空的需要，也增强了桥体抗震泄洪能力。2005 年，中山桥完成了作为交通枢纽的使命，正式变为步行桥。

　　铁桥下部结构由两座桥台、4 座桥墩组成，沉井基础开挖至岩层。桥墩、桥台的材料不一样，南桥台是条石砌的，北桥台是混凝土的。南面第一座桥墩上部是条石砌成，下部是混凝土浇筑，其余三个桥墩是混凝土桥墩。2011 年在对大桥进行改造提升工程时，在墩顶浇筑混凝土将桥墩增高了 1.2 米。

现在展现在我们面前的中山桥是一座下承式钢桁架拱桥，桁架结构富于变化，设计上体现了"少即是多"的设计理念。拱顶采用的是菱形桁架，站在桥上向上仰视的效果犹如一条长长的开了天窗的条带；与主桁架的连接有弧形过渡，简洁通透又有韵律感，线条流畅干净，使得整个桥梁结构刚中带柔，体现了中国近

桥上即景

代工业萌芽时的历史内涵和建筑特质。站在桥上，放眼望去，滔滔黄河水从桥下奔流东去，翻腾起片片黄白色浪花，仿佛在述说着百年历史的沧桑。阳光穿过桥的钢桁架洒到桥面，那些斑斓舞动的光影让桥上的空间变得灵动起来，温暖的光影洒在游人的身上，碎银般落在地上，带给人一种温暖而宁静的心情：岁月静好。

在铁桥的建设过程中发生了很多感人的故事，在我国建桥史上留下了浓墨重彩的一笔。彭英甲等与德国泰来洋行就承包建造兰州黄河铁桥的事宜签订完合同后，建桥工作就进入紧锣密鼓的准备阶段。在当时那个特殊的历史时期，由于我国技术水平落后，建桥所用的钢材、水泥、施工设备等均需要从德国采购，而兰州地处我国西北，交通极为不便，如何将这些建材从遥远的德国运到兰州，就成了一个必须解决的难题。经过反复研究，最终确定了周详的方案：建桥所需要的所有材料和设备，先从德国用船运输到天津港，再用火车通过京奉铁路运到北京丰台站，经由京汉铁路转运到河南新乡，从新乡再运送到西安。但是从西安到兰州没有火车和汽车运输，交通运输条件十分落后，只能改用骡马大车进行长途拉运，全靠人拉马驮，整个运输过程长达一年。为此，甘肃洋务局在沿途都设置了材料转运委员会。值得一提的是，当时兰州有一个叫王新年的铁轮大车户，专门在天津定制了一批六轮大车和四轮大车，再加上他的 40 辆旧式大车，全部投入从西安到兰州的运输工作中。这些来自德国的建桥物资，从天津启程辗转跋涉上千千米，浩浩荡荡地穿过我国的华北、华中和西北地区，堪称中国交通运输史无前例的经典案例。

1907 年，兰州黄河铁桥工程正式开工建造。升允亲自到施工现场指挥协调，参加大桥建造工程的有上百名中外工匠和民

建设中的黄河铁桥

工,设计方技术负责人美国工程师满宝本,负责收管材料和统计施工进度的德国工程师德罗,来自天津的施工技术负责人刘永起等,中外施工人员克服种种困难,整个工程按计划稳步推进。1909年8月19日,铁桥竣工。

铁桥建成后,陕甘总督升允于1909年6月撰写《创建兰州黄河铁桥碑记》,并刻立石碑,铁桥两端修建有牌厦,两边皆挂"第一桥""九曲安澜""三边利济"大石坊。后因汽车日益增多,为方便铁桥通行拆除了石坊。现铁桥南岸桥头右方立着刻有《黄河第一桥》碑记的青石桥碑,桥碑高5.5米,宽1.5米,由碑座、碑身和碑额组成,碑座兽是传说中的龙之子,碑额为二龙戏珠立体图案。桥头左方则矗立着原镇远桥的"将军柱",将军柱锈迹斑斑,见证了镇远桥500余年兴衰史,很有历史沧桑感。

在战争年代,中山桥也饱经磨难。抗日战争爆发后,作为交通运输要道的中山桥,是苏联援华物资通道的咽喉要道,因此中山桥成为日本飞机的首要轰炸目标。日本飞机多次轰炸兰州,幸亏有我国抗日战士的浴血护桥，才使铁桥经受住了战火的洗礼，始终傲然挺立于黄河之上。

一座桥梁折射了一段历史，也孕育了灿烂的桥文化。从原来的浮桥到铁桥是一个大跨越，无论是在技术上还是观念上都是大跨越。在当时的环境条件下，没有引进先进技术的远见和魄力是很难做得到的。兰州中山桥是中国近代史上，整个西北地区第一座引进外国先进技术建造的桥梁，是封建制度下出现的资本主义工业的产物，这一特殊的建设背景及建设年代，使兰州中山桥在中国建筑史上占有独特的地位。同时，建桥材料和装备的运输过程也创造了近代运输史上的奇迹，桥本身也承载着一段特殊的、能引起人们共鸣的历史。中山桥以其传奇般的建设经历和在历史上所起的重要作用，与白塔山、金城关文化区一起成为兰州最负盛名的旅游景点，同时也是城市对外展示的窗口和市民休闲、观景的重要场所。当年建桥的原始公文档案内容丰富翔实，完整地保存在甘肃省档案馆内，并于2003年被列入首批《中国档案文献遗产名录》。

兰州中山桥曾与郑州黄河铁路大桥（1906年）、泺口黄河铁路大桥（1912年）并称为黄河三大桥梁。中山桥的观赏、历史和文物价值已远远大于它的使用价值。正如纪念铁桥建成百年的《铁桥百年赋》中所描述的："白塔耸峙，黄河东逝；古关静穆，楼映半空。一桥彩虹临波，百年流云飞渡"，生动而贴切地道出了经历沧桑的中山桥扼守黄河咽喉要道百年的辉煌历程。

中山桥雄姿

第三篇 我国现代名桥：天堑变通途

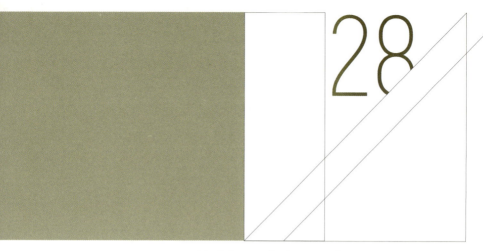

钱塘江大桥及中国近代桥梁:
桥梁大国的近代简史

19世纪中叶,英法联军入侵中国,挑起第二次鸦片战争。1857年侵犯广东,1858年侵犯天津,1860年入侵北京。期间清政府与各国列强签订了一系列不平等条约。晚清一些有识之士认识到落后就要挨打的道理,开始推行引进西方军事装备、机器生产和科学技术以挽救国家的洋务运动。洋务派以"自强"为口号,引进西方生产技术,创办新式军事工业,训练新式海陆军,建成北洋水师等近代海军。以"求富"为口号兴办轮船、铁路、电报、邮政、采矿、纺织等各种民用工业。

1872—1897年,清政府先后派出多批留学生赴欧美留学,并且在1881年修建中国第一条铁路唐胥铁路。可笑的是清政府不允许用火车头,而是用驴马拉着车厢在铁路上走。1894年甲午中日战争,北洋海军全军覆没,标志着洋务运动失败。然而,这一运动客观上促使了中华民族资本主义的产生与发展,打开了当时封建教育制度的缺口,促进了国防的近代化。

洋务派创办了24所新式学堂,培养了一批不同于传统的近代科学技术知识分子,特别是派遣留学生,学习数学、物理、化学、建筑学、气象学等知识。据不完全统计,回国后留学生30人进入工矿、铁路、电报行业,5人进入教育界,24人进入外交界,20人进入海军。这使中国有了一大批具有现代科学技术知识的新式人才,为中国迈向近代化准备了初始的文化条件。这一时期的留学生有留学生之父容闳、天津北洋大学(天津大学前身)奠基人蔡绍基、清代外务部右侍郎梁敦彦、中国铁路之父詹天佑、清华学堂创办人唐国安、民国首任内阁唐绍仪等。

1900年,北京爆发"庚子国变",李鸿章被迫与各国签署丧权辱国的《辛丑条约》,同意向11国赔偿4亿5千万两白银,分39年付清。1908年美国与清政府签约，用庚子赔款超出实际损失部分创办清华学堂，并自1909年起，清政府每年向美国派遣100名留学生。英法荷比四国也相继与中国签订类似协议。1909—1929年，直接或间接接受庚子赔款资助的留学生达1800余人。这批学员中有清华终身校长梅贻琦，中国现代物理学奠基人之一胡刚复，中国化学史开拓者之一张子高，曾经的清华学校校长金邦正，数学家胡明复、姜立夫、江泽涵，物理学家叶企孙、吴有训、周培源，化学家杨石先、侯德榜、庄长恭、孙承谔，著名桥梁专家茅以升，著名建筑家梁思成，气象学家竺可桢等。1933年起清华受教育部委托，先后在全国招考6届留学生近200名优秀学生资送赴美留学，其中有赵九章、陈省身、钱学森、马大猷、杨振宁等。还有赴英国留学生193人，赴比利时留学生若干，有童第周、钱令希、汪德昭等。有了这些掌握科学技术理论和方法的学者，才有了中国近代科学技术的发展，也才有了中国的近代桥梁。

一、中国近代桥梁概览

1. 滦河铁桥

1892年，唐胥铁路向东北延展，必须修建滦河大桥。由于滦河水流湍急，基底泥沙层较厚，主持承建大桥的中国铁路公司由英国人金达负责，先后聘请日本和德国的专家都打桩失败，最后求助于美国留学归来的中国工程师詹天佑。他分析了前几位工程师失败的原因，对河床地质条件进行了缜密考察，把桥址改选在原位以南、河面较开阔的、位于西岸横山与东岸武山角之间的基岩上。他利用"气压沉箱法"，就是制造一个有顶无底的箱体，在潜水员的配合下沉到岩床上，输入压缩空气排水，使人们可以

滦河铁桥

在无水的状态下进行桩基作业。这一方法取得了成功。他还就地取材使用当地盛产的"桩子石"和"台阶石"砌筑桥墩,使用当地匠人创造的可以在水中作业的"万年牢"秘方,用于桥墩条石之间的黏结,使滦河铁桥下部工程建造成功。大桥上部钢结构使用英国钢材。大桥于1894年竣工,全桥造价仅57.5万两白银。

滦河铁桥为单线铁路桥,全长670.6米,共17孔。自山海关端数起,有9孔跨度30.5米上承式钢桁梁、5孔下承式钢桁梁、1孔30.5米上承式钢桁梁、两孔9.14米上承式钢板梁,钢梁连接方式全部为铆接。桥梁建成后,参加施工的300人转入筹建中的山海关桥梁厂,成为我国钢桥制造的第一批骨干成员。如今,山海关桥梁厂是中国钢桥制造业最著名的骨干企业之一。

在滦河铁桥安全服役40多年以后,1939年,日本侵略者在上游另修建一座铁路桥,滦河铁桥作为老桥不再通行火车,仅作为铁路备用桥。1948年,国民党溃败,撤退关内时炸毁北侧新桥,老桥经抢修可缓行通车。1976年唐山大地震,新桥毁于一旦,而老桥安然无恙,再次被启用。后来政府几番大修,老桥终因服

上 | 新旧滦河铁桥
下 | 旧滦河铁桥，拍摄于中国铁道博物馆

役时间太长而停止使用。2013年这座中国人克服种种困难建成的铁路桥成为全国重点文物保护单位。已经130高龄的大桥巍然屹立在滦河上，虽然不再承担任何任务，却诉说着中国人建造现代桥梁最早的历史。

为了致敬詹天佑先生，我专程到河北省滦州市拍摄这座已经屹立100多年的单线铁路桥。这真是一座堪称国宝级的钢桥。

其结构形式、连接方式、纵横梁体系是那么古朴而简洁，完全是根据杆件体系的力学原理而建造的，代表了那个时代的造桥水平。当然也能明显看出桥梁早已不能满足现行荷载需求。这样重要的文物真希望能够被长久保存。

2. 滇越铁路五家寨铁路桥

19世纪初，法国人觊觎云南矿产资源，修建从云南昆明到越南海防口的米轨滇越铁路。1901年越段动工，1903年，法国迫使清政府签订《滇越铁路章程》，1904年滇段动工，1910年滇越铁路全线通车。滇越铁路穿越崇山峻岭，是中国西南地区第一条铁路。铁路在云南省红河州屏边苗族自治县和平乡五家寨四岔河大峡谷上架设了一座人字形钢架支撑的桥梁——五家寨铁路桥。

大桥由法国设计师保罗·波登设计。桥梁为双重结构，上部为上承式多腹钢桁梁，下部为三铰人字形斜腿拱。桥梁全长71.7米，跨度67米，宽4.2米，桥面至谷底高102米。钢结构总重179.5吨，钢构件全部在法国制造完成，运输到工地铆接组装。两端桥台位于河岸峭壁上的隧道口。施工时在距洞口19.17米的峭壁上开挖宽4.4米、高3.8米、深4米的施工山洞，以安置绞车及滑车等起重设备，之后在隧道下方构筑钢筋混凝土拱座承台，并在上面安装铸铁球形支座，然后开始吊装。桥梁1907年3月开工建设，历时22个月，于1908年12月6日通车。有数千名中国工人参与桥梁建设，据记载有800多名劳工为桥梁建设失去生命。100多年来，这座桥梁承载了南来北往的数十万趟列车，经受过日军700多枚炸弹袭击，也见证了一系列的重大历史事件。2006年，五家寨铁路桥成为全国重点文物保护单位，可供参观游览。

上｜当年的五家寨铁桥，拍摄于中国铁道博物馆
下｜现在的五家寨桥，张玉玲摄

3. 郑州黄河铁路大桥

1899 年，清政府在张之洞的建议下修建卢汉（卢沟桥—汉口）铁路，在跨越黄河的郑州北修建郑州黄河铁路大桥。大桥的设计与施工委托给比利时公司。大桥 1903 年动工，1905 年建成，1906 年运营通车，1969 年被改造成单线公路桥。

大桥全长 3015 米，共 102 孔。郑州黄河分为南北槽，所以

上｜郑州黄河铁路桥（源于《中国铁路旧影》）

下｜郑州黄河铁路大桥施工现场（源于《中国铁路旧影》）

大桥两侧各为跨度 31.5 米的下承式钢桁梁，北端 26 孔，南端 24 孔。从收集的 1910 年前的照片来看，最早的郑州黄河铁路大桥的钢梁为两片钢桁梁，梁高也不高。大桥中间是 52 孔 27.5 米的上承式钢板梁。铸铁管桩内填沙石作基础，桁梁每墩 10 根桩，板梁每墩 8 根桩，各桩在地面以上的部分连成整体，并做墩帽。全桥墩台 103 个，桁梁与板梁之间有过渡墩。一座 3 千米的大桥，洋洋洒洒，列车从进入大桥到出桥可以唱完一曲"黄水谣"，在那个年代简直是东方奇迹。

然而，郑州黄河铁路大桥是一座质量堪忧、命运多舛的大桥。首先是桩基设计承载力不够，建桥时就有一夜之间洪水冲歪 38 个桥墩的事故。1925 年，又发生因基础问题导致两节客车坠入河中，300 余人死亡的特别重大事故。在北洋军阀混战中，张学良、冯玉祥都曾炸毁过大桥。1938 年，为了减缓日本军队向南进攻的速度，国民党政府炸毁大桥，并将南端 42 孔钢梁运往湘桂及湘黔铁路使用，同时决堤黄河花园口。当时指挥炸桥和扒堤的熊先煜后来是政协委员，临终前口述了这段历史，炸桥时发现了大桥建成时清政府留下的铁碑，他高声诵读："大清国铁路总

郑州黄河铁路大桥钢板梁（网络照片）

清代为郑州黄河铁路大桥建成所立铸的铁碑，拍摄于北京长辛店二七纪念馆

公司建造京汉铁路，由比国公司助理，工成之日，朝廷特派太子少保前工部左侍郎盛宣怀，二品顶戴署理商部左丞唐绍仪行告成典礼。谨镌以志，时在光绪三十一年十月十六日。"诵读过程中因愧对祖先，怆然泪下，痛心疾首。这座铁碑现存于北京长辛店二七纪念馆，我们现在很难在博物馆和网络上找到郑州黄河铁路大桥原貌照片，幸亏近期工人出版社出版了由邱丽媛编著的《遗失在西方的中国史——20世纪初的中国铁路旧影》（以后简称《中国铁路旧影》）中收录了50张京汉铁路工程照。这些照片源自《京汉铁路通车摄影集》，而这本摄影集是收藏家全冰雪先生花费69万才拍到的。从照片中可以看出突出水面的铸铁桩和比较单薄的钢桁梁。

为了让读者清晰地看到两片钢桁梁桥的样貌，我特意到京广铁路，拍摄了现代类似桥型的双线铁路桥，该桥式适合中小跨度钢桥。所有杆

京广铁路卢沟桥

第三篇　我国现代名桥：天堑变通途

件采用工字钢，节点板采用高强螺栓连接。要知道，100多年前，这里曾经是卢汉铁路的起点，然而旧桥我们只能在《中国铁路旧影》中见到了。

1948年，中原野战军与国民党作战，大桥成为两军必争之地，再度遭到破坏。1948年至1952年，郑州黄河铁路大桥经过5次加固，主跨钢梁换成了苏制上承式钢梁，2400吨列车可以60千米/小时的速度通过，郑州黄河铁路大桥开启了新的篇章。1958年，黄河花园口出现历史罕见特大洪峰，流量达到22300立方米/秒，大于10000立方米/秒的洪水持续79小时，7天洪水下泄流量61亿立方米。郑州黄河铁路大桥5个桥墩出现险情，11号墩被洪水冲垮，相邻两孔梁落水，致使京广铁路中断。经过半个月抢修大桥恢复通车。1969年，原来的郑州黄河铁路大桥被改造为单行线公路桥。1986年，郑州黄河公路大桥建成。原本保固期限只有15年的大桥，经过无数次的大修和更换，与清代钢梁相比已经面目全非，磕磕绊绊服役80年，终于完成历史使命彻底退出历史舞台。由于该桥钢梁桥位低，汛期阻水严重，1987年被全部拆除。

为了保留难得的工业遗存，河南省政府报经水利部批准，留下南端5孔160米上承式钢梁保存在黄河南岸原址上，作为景区开放游览。郑州黄河铁路大桥见证了中国近代史中最早的桥梁工程史，铭记着一个国家的荣辱兴衰，值得人们铭记。

4. 青岛栈桥

到青岛旅游的人们都要到海滨旅游，留下自己的倩影，最著名的风景莫过于青岛栈桥。这是一座建于清光绪十八年（1892年）的栈桥，最早作为军用人工码头，长200米，宽10米，石基灰

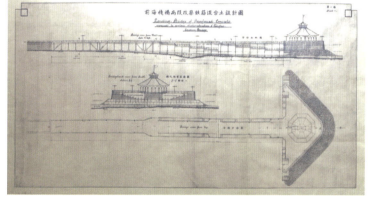

上｜青岛栈桥，王燕摄
下｜青岛栈桥设计图纸，陈雳提供

面，桥两侧装有铁护栏，是晚清北方海防系统的一部分，也是当时唯一的一条军火补给线，由中国人自己设计并建造。1897年，德国人以"巨野教案"为名，从青岛湾登陆，武力占领青岛，次年清政府被迫与德国签订《胶澳租借条约》。德国人对栈桥进行了改造，在桥面铺设轨道，上面可以跑装货的车。1901年，原桥北端改为石基，水泥铺面，南端延长到350米。后因青岛建成小港码头和大港码头，栈桥作为码头的功能消失，1904年开始向游人开放。1905年，栈桥逐渐成为船舶检疫、引水专用码头。

1914年，日军占领青岛，在栈桥举行阅兵仪式以宣誓对青岛享有"充分主权"。

1922年，青岛被北洋政府收回，中国水兵在栈桥阅兵，显示收回主权。1931年，国民政府出资25.8万元，委托德国信利洋行承包扩建，将桥身加长到440米，原桥的钢木结构部分改为钢筋混凝土，34排桩通透结构，高桥面铺装水泥，桥身高度增加0.5米。1933年，桥头新建双层飞檐八角亭阁。当时的青岛市长亲题"回澜阁"匾额。后来桥北修建了栈桥公园，桥南增建了箭头型防浪堤，从此，青岛栈桥成为城市标志性建筑和旅游景点。

1937年，日本全面发动侵华战争，栈桥又重新做回军用码头，"回澜阁"匾额被偷运日本。新中国成立以后，人民政府多次对栈桥进行整修，由书法家舒同重题"回澜阁"匾额。栈桥成为公认的青岛旅游第一风景。

现存青岛栈桥全长401.5米，其中引桥236.1米，有孔桥149.7米，宽8米，回澜阁处三角形桥头长15.65米，栈桥为钢混结构，南端筑半圆形的防波堤。

2022年就是青岛栈桥130岁生日，走上青岛栈桥，欣赏那波澜壮阔的大海风景，回顾曾经的栈桥发展的历史，由别的国家在这里宣扬主权的日子已经一去不复返了。

5. 天津海河金汤桥

1730年，清政府盐税官五品大员孟衍周到天津上任。当时盐税院和住宿地分别在海河两岸，每天来往需要摆渡，既不安全，又不方便，于是孟衍周拿出自己的薪俸修建了一座浮桥，叫盐关浮桥。浮桥由13条木船连缀，桥面铺设木板而成。当地百姓为

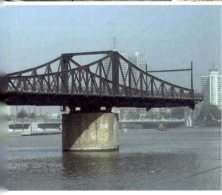

上左｜金汤桥
上右｜金汤桥桁立面
下左｜金汤桥平开方式（网络照片）
下右｜金汤桥桥面系

表感恩称桥梁为"孟公桥"。1905年，比利时商人开设天津电车公司，为了让电车通过桥梁直达老龙头火车站（天津旧站名称），决定把浮桥改为铁桥。1906年耗银20万两的铁桥建成，取名"金汤桥"，意为固若金汤。

金汤桥全长76.4米，宽10.5米，是三跨平转式开启桥，是天津市最早建造的大型钢桥之一。1934年，桥梁出现倾斜，中国工程师蔡君简对材料进行化学分析，发现钢材硫磷含量远远高于规范标准，可焊性很差，于是采用铆焊结合的方法对破坏部分进行修补。

围绕金汤桥有一个故事。1949 年，解放军从三个方向向国民党天津守军发起总攻，经过约 19 个小时激战，解放军东、西主攻集团会师金汤桥。第一个将红旗插上金汤桥的解放军 45 军 135 师 405 团 7 连，在战役结束时在桥上照相合影，清点人数时发现，100 多人的部队，此时只剩下 24 人。因此 7 连被任命为"金汤桥连"。

1970 年，天津市政府整修金汤桥，将桥梁抬高 1.2 米，废除开启设备，并对锈蚀部分修补加固。2003 年，海河开发，金汤桥恢复设计原貌，开启功能重新修复。整修后的海河两岸都修成了公园，金汤桥也成为供人们游玩观赏的步行桥。

6. 天津解放桥

1902 年，清政府在海河老龙头火车站附近建造了一座 4 跨变高度的连续钢桁梁桥。由于城市交通发展，1923 年拆除老桥重建新桥，于 1927 年建成，由于当时桥梁北连老龙头火车站，南通紫竹林租界地，英、法、美、德、日、意、奥、比等国租界在此附近，所以其桥名为"万国桥"。后来桥名几经更迭，最后更名为"解放桥"。由于桥梁性能良好，至今仍可以通车。

现存桥梁为开启式钢结构桁架桥，设计单位是美国布施尔泽尔公司。桥梁全长 97.64 米，宽 19.5 米，三跨，中间跨为双叶立转式开启跨。在钢桁架下弦引桥部分背贴一条固定轨道，开桥时，活动桁架沿轨道移动开启，以便于桥下通航。合则通车，开则过船。开启桥便于货物从天津到世界的往来，正所谓"星条舰、花旗轮横行江上"，曾经是海河一景。

2005 年，政府开始改造解放桥。全桥抬升 20 厘米，锈蚀的桥梁杆件和铆钉得到更换，特别是对开启系统的零部件进行修

上左 | 解放桥正立面
上右 | 解放桥桥墩上的开启结构
下左 | 解放桥带缀板的杆件
下右 | 铆接节点

复，恢复其开启功能。在节假日的夜晚，可以看到解放桥开启的景象。由于解放桥还处于使用状态，人们可以自由地走上桥梁，仔细观察这座承载着厚重历史和文化的老桥。

解放桥杆件是由角钢、钢板、缀板用铆钉拼合而成的。各杆件连接处的节点板也完全靠铆钉拼接。随着焊接技术和钢材轧制技术的发展，焊接工字钢和轧制型钢出现以后，这样的拼接就越来越少了，现代桥梁更是用高强螺栓代替了铆钉。近几十年发展的整体节点、节点外拼接技术，更是进一步替代了这样复杂的节点拼接结构。所以走在这样古老的桥上,带给人们的是一种深深的怀旧感。2019年,解放桥入选中国工业遗产保护名录。

7. 津浦铁路蚌埠淮河大铁桥

津浦铁路是清政府向国外贷款修建的中国第二条南北铁路大动脉。当时清政府与国外银行签订《津浦铁路借款合同》,规定铁路建造与管理权归中国国家办理,选用认可的德国、英国总工程师各一人,工程以山东峄县为界,北段由德国负责建设,南段由英国负责建设。蚌埠淮河大铁桥属于英国负责段关键工程。大桥由英国人设计,1909年11月开始动工,1911年5月建成通车。蚌埠这座城市也因铁路选址于此而繁荣起来。

1938年日本侵略军劫掠南京后北犯至蚌埠,国民党为阻止日军继续北上,在撤离时炸毁大桥,7孔钢梁、6座桥墩被破坏。日军为侵占中国的需要将大桥修复。1949年淮海战役中,国民党再次炸毁大桥,5孔钢梁、3座桥墩被破坏,企图阻挡解放军南下的进程。解放军组织各方力量在桥址处搭设临时便桥,王吉珍为首的六名潜水队员为便桥的建设牺牲了宝贵的生命。后来,在恢复淮河大铁桥的工程中,又有3名战士在国民党飞机轰炸时牺牲。直到1950年,这座大桥才完全修复。2001年,淮河大铁桥下游25米处新建了淮河铁路二桥,至此,津浦线淮河段两桥并立,双线铁路,分上下行运行。

蚌埠淮河大铁桥全长587米,由9孔跨度为62.8米的下承式钢桁梁组成,是一座单线铁路桥。由于河流基底起伏不平,不同桥墩采用不同的方法建造基础,其中5个墩采用詹天佑发明的气压沉箱法。由于大量使用国产材料和劳动力,全桥造价仅100万银圆。

左｜现在的蚌埠淮河大铁桥，吕贤良摄

右｜新旧蚌埠淮河大铁桥

｜正在抢修的蚌埠淮河大铁桥，拍摄于铁道兵纪念馆

　　蚌埠淮河大铁桥历经百年历史变迁，多次洪水灾害，除了遭受两次人为破坏以外，始终巍然屹立于淮河之上，真无愧于"淮河第一桥"之称。2019年，该桥被列为全国重点文物保护单位。

8. 济南泺口黄河铁路大桥

　　该桥是津浦铁路山东峄县北段，由德国人负责修建的。

1908年，由于各商界对于通航孔宽度问题吵得厉害，清政府派詹天佑亲自到济南调查研究，确定了桥址和跨度布置方案。桥梁1909年7月开工，1912年11月竣工，造价折合库平银454.56万两。

泺口黄河铁路大桥现在全长约1257米。初建时共12孔下承式铆焊华伦式钢桁梁。主航道部分为悬臂桥，其中两边跨钢梁各在墩上悬出27.45米，中间孔109.8米，与两边的悬臂钢梁用摆柱式活动铰连结，形成跨度164.7米的通航孔，满足了商人运货需求。如今保存在"胶济铁路博物馆"中的照片，还有千帆过桥的胜景。

由于悬臂端产生强大的负反力，使得墩上锚固段梁高增加，这也形成泺口黄河铁路大桥与众不同的特色。

《中国铁路旧影》附录展示了11幅泺口黄河铁路大桥施工照，让今天的我们大开眼界。当时用"杠杆测试法"测试桩基承载力，证明了每桩承载力达到了设计的2倍。再看汽力旋转打桩机，在那个时代应该是先进的打桩设备了。泺口黄河铁路大桥共打桩1270根，周边采用木桩，棱角处用铁桩。然后挖出桩周边

左｜泺口黄河铁路大桥立面钢桁架上刻有"1909-191字样，拍摄于中国铁道物馆

右｜泺口黄河铁路大桥锚墩变高度钢梁，彭霞摄

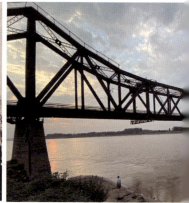

用"杠杆测试法"测试基承载力(源于《中国路旧影》)

汽力旋转打桩机打桩 源于《中国铁路旧影》)

的淤泥,填充石块,水泥封顶。

钢梁架设也程序清晰、步骤严谨,特别是在锚固墩处搭设了完备的脚手架,保证了架设精度与安全。中间段虽然属于挂孔,但是并没有采取整体吊装的方式,而是采用一般膺架法,估计是当时不具备那么强的起吊能力吧。总之,从这些宝贵的影像资料中我们可以看出,一座能够跨越世纪的工程靠的是优秀的设计、严谨的施工干出来的,比之前面的郑州黄河铁路大桥真是天壤之别。

泺口黄河铁路大桥也是一座历经战火的桥。1928年、1930年、1937年、1949年大桥多次被炸毁,又多次被修复,大桥钢梁上不同时期所采用的德、日、中三国的钢材诉说着一座桥与一个民族苦难和坚强的故事。

新中国成立以后,大桥多次加固。进入20世纪90年代,由于黄河水含泥沙大,河床淤高平均达到2.3米,为防汛需要,1991年起全桥封闭,停止客货车通过。1992年,经过科学检定证明,该桥仍有充足的剩余寿命。1999年启动抬高修复工程,

上｜锚固墩钢梁架设（源于《中国铁路旧影》）

中｜钢梁即将合拢（源于《中国铁路旧影》）

下｜泺口黄河铁路大桥，彭霞摄

北端一孔缩为 64 米，更换三孔新梁，旧梁纵梁全部更新，并重新设置预拱度。2000 年完工后，泺口黄河铁路大桥恢复通车，日通行列车 28 对。2013 年，泺口黄河铁路大桥被列为全国重点文物保护单位。2018 年入选中国工业遗产保护名录。

除上述桥梁以外，类似的近代桥梁工程还有兰州中山桥、上海外白渡桥、广东海珠桥等，其中前两座桥本书前面已经详述，这里不再重复。由于接受了近代科学技术，修建铁路、公路等基础设施，引进外国科学技术，我国才有了建立在科学计算理论和规范施工方法基础上的近代桥梁。

二、钱塘江大桥

说到钱塘江大桥不得不说说中国现代桥梁之父茅以升（1896—1989）先生。

茅以升先生 1896 年出生于江苏镇江，1916 年，他毕业于唐山工业专科学校（西南交大前身），参加清华留美官费考试，以第一名的成绩录取留洋。1917 年获美国康奈尔大学硕士学位，荣获康奈尔大学优秀研究生"斐蒂士"金质研究奖章。1919 年获美国卡耐基理工学院（现卡耐基梅隆大学）博士学位。当时的博士论文就是《桥梁桁架的次应力》。1920 年回国后历任交通大学唐山学校（西南交大前身）教授、副主任，国立东南大学（现南京大学）教授、工科主任，南京河海工科大学校长，唐山大学校长，北洋工学院院长，北洋大学校长。1930—1931 年任江苏水利局局长，1934—1937 年任浙江钱塘江工程处处长。1937—1942 年任唐山工程学院代院长、院长。之后几年，分别担任过交通部桥梁设计工程处处长、中国桥梁公司总经理、教育部部聘教授。1948 年当选"中央研究院"院士。新中国成立后任中国交通大学校长,之后在长达 30 年的时间里任铁道科学研究院院长,1955 年当选中国科学院院士,1982 年当选美国国家工程院外籍院士。

1932 年,浙赣铁路因钱塘江一江之隔,两岸公路、铁路无法贯通,南北岸货物需在江边卸车装船转运至另一岸再装车才可继续运输,迫切需要在钱塘江上架设桥梁。1933 年,时任浙江省建设厅厅长的曾养甫请美国桥梁专家华德尔根据浙江省建设厅提供的钻探资料,完成了桥梁初步设计,桥为单层铁路、公路、人行并行的钢桥,共 29 孔,不等跨,全长 1872 米。浙江省建

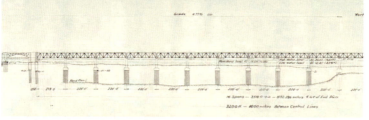

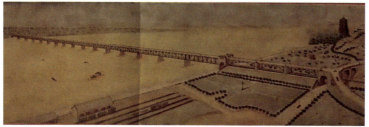

上左 | 时任工程处处长的茅以升与时任总工程师的罗英

上右 | 茅以升组织编写的《钱塘江桥设计及筹备纪略》

中 | 钱塘江大桥设计图局部

下 | 钱塘江大桥全景渲染图

(以上图片全部存于浙江杭州的钱塘江大桥纪念馆)

设厅成立了钱塘江桥工委员会,对"华德尔计划"进一步研究、补充,形成《钱塘江建桥计划书》。曾养甫特别邀请茅以升先生任桥工处处长,全权负责建桥。

茅以升聘请了当时正在山海关桥梁厂当厂长的康奈尔大学同学罗英担任总工程师,两个人密切合作,组织人员重新考察研究,拟定了钱塘江桥第二计划。其与华德尔的设计的不同之处主要有三点:①采用公路和人行道在上层,铁路在下层的桥梁立面布置方案。②全桥等跨布置,采用 16 孔 67.06 米跨度钢桁梁。③钢桁梁使用含铬合金钢,连接杆件及其他部分使用碳钢。等跨布局的优点是便于工厂化生产,桥梁损坏时,杆件易于更换,如果钢梁制作时多制作一孔,便于有梁受损时及时更换与维修。由于钱塘江航道可能变化,等跨布置利于通航。等跨布置的桥梁简洁、宏伟、美观,符合人们的艺术审美。上下层布置的桥梁上部结构可以减小桥墩圬工量,节省工程造价。对于战争年代的桥梁来讲,将公路桥布置于桥梁上层,混凝土作桥面,敌机轰炸时可以对铁

钱塘江大桥历史照片,
拍摄于中国铁道博物馆

路起到很好的保护作用。铬钢强度高，可以减少钢结构用钢数量，降低荷载，这是为了得到最为经济适用的桥梁方案而采用的。茅以升团队还对 7 种桥跨布置方案进行了设计计算和比较，最后选定的 67.06 米等跨布置方案，建造费用仅为 510 万银圆，比"华德尔计划"要少 200 万银圆，因而方案获政府批准。至此中国人第一次获得跨越大江大河的现代桥梁主持设计与建造的权力，要知道，之前类似的桥梁都是由外国人设计并主持建造的。

钱塘江大桥位于杭州市区南端，六和塔东南约 700 米处。大桥全长 1453 米，上层是公路桥，下层是铁路桥。主桥为 16 孔、跨度 67.06 米的下承式钢桁梁，全长 1072 米。现公路桥南北两侧分别增加了 288 米和 93 米引桥。公路宽 9.1 米，其中车行道 6.1 米，人行道两边各 1.5 米。单线铁路宽 4.88 米。公路引桥还有 4 孔（北岸 3 孔，南岸 1 孔）跨度 48.8 米的钢桁拱桥。正桥桥墩部分由丹麦康益洋行承办，两岸引桥工程由中国公司承包，钢梁由英国道门朗公司制造。

钱塘江古称浙，全段称为浙江，上游富阳段称为富春江，杭州段称为钱塘江，从杭州湾注入东海，汛期最大洪峰流量可达 2.9 万立方米/秒。由于杭州湾宽度自口外向口内急剧收缩，潮差沿程递增，平均潮差为 1.69 米，最大潮差可达到 8.93 米。澉浦断面平均流量为 14 万立方米/秒。这是一个非常大的流量，用长江三峡大坝作比较，按照 300 年一遇洪水设计流量为接近 10 万立方米/秒。所以，在钱塘江上建桥并不是容易的事情。虽然在选址的时候选取了江面较窄、河床比较稳定、流量相对平稳的位置，但是建造的时候还是有很多难题。用茅以升先生的话讲就是遇到"八十一难"。1982 年，86 岁的茅老撰写《钱塘江建桥回忆》

上｜大潮中的钱塘江桥，张雷摄

下｜茅以升《钱塘回忆——建桥、炸桥、修桥》手稿，源于钱塘江大桥纪念馆

（北京：文史资料出版社，1982年）比较详细地记载了当时整个建桥过程，为世界留下了珍贵的历史资料。以下叙述印象比较深刻的片段。

钱塘江大桥正桥桥墩建造需要三个步骤，打木桩，用气压沉箱法安放沉箱并做出墩座，建造墩身。木桩每墩160根，桩长大约30米，一直打到基岩。钱塘江大桥基础施工最大的难题是流沙。江底水流冲刷时，可下陷9米。江中泥沙层有的达到41米，

第三篇　我国现代名桥：天堑变通途　｜　277

很难施工。用打桩船定位打桩，打轻了桩下不去，打重了桩就会断。后来研究发明了"射水法"，改进了工艺，工程进度从每天打 1 根桩进展到每天打 30 根桩，渡过了难关。

　　安装沉箱难度非常大，长 18 米、宽 11 米、高 6 米、重 600 吨的沉箱，运输、吊装、定位都是难题。最初施工时，沉箱到桥址后不受控制，漂至下游；好不容易拖回，又遇到大潮，铁索链被扯断，漂至上游，陷入泥沙之中；再一次拖回桥位，忽来大风雨，沉箱拖着铁锚向下游浮走 4 千米，用了 14 只汽轮才把沉箱拖回桥址；不久又遇大潮，捆绑沉箱的缆索松断，又向上游漂了 10 千米，落潮后陷入泥沙中。以至于有不明真相的人传说，钱塘江真厉害，桥墩站不住到处跑。后来改进了工艺，用 10 吨重的混凝土大锚代替了铁锚，才解决问题。沉箱四漂的真实故事是钱塘江建桥艰难的写照，也是大桥建设团队百折不挠、科学应对、克服困难的真实体现。为了确认每墩 160 根木桩都能起到支撑作用，茅以升先生曾经下到沉箱内，逐一数到 160 个桩头才放心。虽然普通人看到的桥梁都在水面以上，实际上桥梁施工最困难、造价最高的部分在水面以下。

桁梁浮运，源于钱塘江大桥纪念馆

1934年11月11日举行了钱塘江大桥开工典礼，实际上1935年4月才开工，1937年9月建成通车，整个工期仅用两年半。之所以能做到，是建设团队采用了许多新措施，不同工序能同时动工的，就同时施工，对于上下关联的工程，打破传统，改顺序施工为齐头并进。现代社会为了排出最合理又紧凑的工期，需要制作网络计划图，茅以升团队当年就已经在实践中做到了。比如钢梁架设，如果按照建大桥采取的悬臂法施工，需要从桥梁一端开始，顺序架设。然而钱塘江大桥桥墩不是顺序建成的。建设者采用浮运法，将整孔梁拼装好，用船运到已建好的两个桥墩之间，利用涨潮将梁托起，再降落就位到墩上。为了防止运输中重达260吨的钢梁杆件扭曲，他们还设计了专门的"钢梁托车"。浮运时，特制两只木船，连在一起，上有塔形木架顶托钢梁的支点。这样，既保证了工程质量，又缩短了工期，保证了大桥在短期完工。

　　1937年7月7日卢沟桥事变，日本帝国主义发动全面侵华战争，8月14日飞机首次开始轰炸钱塘江大桥。11月份，国民党为延缓日军进攻命令炸桥。因为建桥时处于战争年代，茅以升早在建第二墩时就特意准备了装炸药的长方形空洞，他与军方商定了炸五孔梁一座墩的方案，由军方装填炸药，但不到万不得已不启动爆破。11月17日，浙江省政府命令大桥开放通车。12月战事逼近杭州，大桥成为杭州军民撤退的唯一退路。大桥存在的最后一天，撤退过桥的机车有300多辆、客货车2000多节、难民数十万人。12月23日下午5点，隐约见日军骑兵已到桥头，才开动起爆器，一声巨响，满天烟雾。这座茅以升带领团队呕心沥血建设的雄跨钱塘江的大桥，完工仅89天，一个桥墩、五孔

桥梁按照茅以升方案炸毁

钢梁落入水中,就此中断。为了延缓日本人修复桥梁的时间,原来保留的建桥设备也一并沉入江底。

炸桥无疑是钱塘江大桥历史上最悲壮的一页。茅以升先生当时奋笔疾书"抗战必胜,此桥必复"。后来又作绝句三首,其中一首是"斗地风云突变色,炸桥挥泪断通途。五行缺火(指钱塘江桥四字偏旁中有金土水木,唯独缺火)真来火,不复原桥不丈夫。"可见茅老当时的悲愤心情与壮志未酬誓不休的决心。带着战后重新修复大桥的渴望,茅以升将建桥资料装了14个藤箱,内容包括图纸、文卷、胶片等,用军车运往大后方,在战火中悉心保存,之后完整地交给了上海铁路局。其中胶片是茅以升先生建桥过程中拍摄的工程教育片,长度有2500米。

正如炸桥时茅以升所预料的,日本人想恢复桥梁一般运行,他们用了7年的时间,1944年10月才竣工通火车。日本修复时正桥钢梁仅仅采用碳钢,许多被扭曲的杆件也没有矫正,不能达到设计要求。1945年日本战败投降。几十年以后中日邦交正常化,日本士兵友永河夫来到北京,带着对战争的忏悔,将他当时拍摄的钱塘江大桥炸后照片交到茅以升手中。

钱塘江大桥建设期间,招募了大量工科大学生到工地就业,经过工程历练,培养了大批造桥人才。此外,每年暑假,招收大三工科学生来工地观摩实习,每天听课两小时,其中很多人后来也从事桥梁工作。

新中国成立以后,1953年9月,钱塘江大桥经全面修复,公铁两用桥全面通车。钱塘江大桥至今巍然屹立,已服役80多年。

今天我们翻阅中国近代桥梁的历史资料仍然心潮澎湃。那些桥梁前辈们,为了祖国的桥梁事业付出了艰苦卓绝的努力。正是因为他们热爱国家、坚韧不拔、勇于探索、科学造桥,奠定了中国现代桥梁技术发展的基础,培养了最早的建桥人才,才有了今天遍布全国各地的桥梁。今天的人们不仅要学习科学技术,也要学习他们的伟大精神,使祖国的桥梁事业蒸蒸日上,迈上更高的台阶。

现在的钱塘江桥,张雷摄

29

九江长江大桥：
一张蓝图绘到底

史书《竹书纪年》中有一段周穆王东征的记载:"(周穆王)三十七年(前940年),大起九师,东至于九江,架鼋鼍以为梁。"这一史实说的是周穆王东征的故事,周穆王率兵"架鼋鼍以为梁"渡江的地方就在九江,这个古代又称为浔阳的城市。这一生动的富于神话色彩的架桥故事,让九江在我国古代桥梁史上记下了浓墨重彩的一笔。

距离周穆王东征2000多年后的今天,中国的广袤大地上已经建起了一座座气势磅礴、千姿百态的桥,让全世界叹为观止。而新中国桥梁建设史上第三座里程碑式的桥梁——九江长江大桥,就巍然屹立在当年周穆王架鼋鼍以为梁的地方。

九江长江大桥(Jiujiang Yangtze River Bridge),位于江西省九江市浔阳区和湖北省黄冈市黄梅县之间的长江水面上,是双层铁路、公路两用桥,上层为公路,下层是双线铁路,铁路桥长7675米,公路桥长4460米。九江长江大桥是京九铁路和105国道跨越长江的通道,堪称京九铁路的"咽喉",黄金水道(长江)与京九线在这里交汇,每天有上百趟列车从九江长江大桥上通过,大桥下是一艘艘客货轮船缓缓驶过。大桥始建于1973年,后来随着京九线的停建,九江长江大桥也随之停建。1987年九江长江大桥恢复建设,最终建成于1993年。九江长江大桥先后荣获中国建设工程鲁班奖、铁道部科技进步特等奖、国家科技进步一等奖、中国土木工程詹天佑奖。

九江长江大桥由正桥和南北两岸公路、铁路引桥组成,其中江上正桥长1806米,有10个桥墩,11孔钢梁。所有钢梁均为栓焊结构,就是工厂制造的钢梁构件是焊接而成的,然后在工地安装时采用高强度螺栓连接起来,全桥用了约140万套高强度螺

九江长江大桥雄姿,张玉玲摄

栓,从此以后铆接钢桥就退出了新建铁路钢桥的历史舞台。其主航道为三孔刚性桁梁、柔性拱(俗称三大拱),桁高 16 米,跨度为 180 米,中间一孔最大跨度达 216 米,最大矢高 32 米。采用 15 锰钒氮高强度低合金钢种制造,钢板最大厚度为 56 毫米,并用直径 27 毫米的高强度螺栓连接钢梁杆件。位于北京密云的白河桥是九江长江大桥 15 锰钒氮钢试验桥,通过制造、试验检测全过程,检验了钢材性能。九江长江大桥是我国当时最长、工程量最大的铁路、公路两用桥,是一项规模宏大的工程。大桥光成功建成所取得的科学技术成果就有 30 多项,新钢种 15 锰钒氮钢(15 MnVNq)的研制应用和高强厚板焊接新工艺,深水基础施工"双壁钢围堰大直径钻孔法"的重大创新等。钢梁架设的创新,无论是桥的结构体系设计、施工工艺创新,还是新型材料的应用等方面,都反映了我国当时最先进的建桥水平,是新中国建桥史上继武汉长江大桥、南京长江大桥后的又一座里程碑。

中国公铁两用桥的发展是与中国经济的发展息息相关的。铁路桥梁是伴随着铁路的兴建而诞生的,它与古代桥梁技术及现代公路桥梁技术有着相当大的区别,铁路桥静动荷载相当大,当整列火车风驰电掣般地驶过,不是一般的现代公路桥所能承受的,更不用说古代桥梁了。因此,铁路桥梁一般都采用钢桥,"高强、轻型、大跨、整体"这一方针一直指导着桥梁建设者的实践与创

上、中 | 九江长江大桥与其设计渲染图,图片来源 @ 中国铁路
下 | 北京密云白河桥

新。1968 年中国第一座自力更生建设的公铁两用桥，南京长江大桥正式建成通车，从此开创了我国自行设计建设大型现代化桥梁的新时代。

改革开放以后，我国桥梁建设进入了学习融入市场的发展阶段，这一阶段我国桥梁建设工程技术取得了创新性的飞跃发展，新技术、新工艺、新设备在建桥中应用得越来越多，桥梁建设的核心竞争力逐步增强，一座座规模大、技术新的桥梁相继建成，九江长江大桥就是其中的代表。在 1990 年以前，中国的公铁两用桥只有梁式体系，2000 年以后，拱式、斜拉、悬索体系开始出现并逐渐发展。中国经济的高速发展推动了中国公铁两用桥梁建设的快速发展，数十年累积的桥梁建造技术和经验，使中国公铁两用桥在结构体系上已经从小跨径的梁式体系发展到目前大跨径的拱式体系，以及大跨径、超大跨径的斜拉体系、悬索体系，而且这三种体系的公铁两用桥中，最大主跨径的桥梁都在中国。

说到九江长江大桥，有一个人的名字就必须提到：我国著名桥梁专家方秦汉院士。方秦汉院士生于 1925 年，是我国著名的桥梁工程钢结构专家，原中铁大桥局的副总工程师。他 1950 年从清华大学土木工程系毕业时，正值国家开始筹备武汉长江大桥的建设，他被分配到铁道部，后到武汉长江大桥设计组工作，一毕业就幸运地参与到"万里长江第一桥"的设计建设工作中，从此就一生与桥梁为伴，他把毕生的精力和时间都献给了我国的铁路桥梁建设事业。方秦汉院士一生主持及参与设计建造了五十多座桥梁，4 座具有里程碑意义的长江大桥——武汉长江大桥、南京长江大桥、九江长江大桥和芜湖长江大桥上都镌刻着他的名字。他 33 岁时主持南京长江大桥钢梁设计，一直战斗在架桥的

九江长江大桥与岸边锁江塔相映生辉

最前线,从此为南京长江大桥奉献了十年时光;他 50 岁时接受了主持九江长江大桥设计建造的任务,到九江长江大桥建成通车时已年满 70 岁,用 20 年的岁月把一张蓝图绘到底;他 71 岁时老骥伏枥,担任芜湖长江大桥钢梁设计和科研的负责人,又一次挂帅出征向新的桥梁技术高峰出发。他在钢桥设计上的注重实际和注重创新,使他主持设计建造的大桥在同期大桥中均属于国际先进水平,为贯彻落实新中国铁路桥梁建设"高强、轻型、大跨、整体"的方针做出了巨大贡献。

九江长江大桥有三个通航孔,跨径分别为 180 米、216 米、180 米,这三孔钢梁为刚性桁梁、柔性拱结构,大桥的三大拱是矢高分别为 56 米、64 米、56 米的三大连续钢拱,中部穿过三孔平弦连续钢桁梁,部分支撑结构悬挂在钢拱上,与过去的桥在结构形式上大不相同。远看上去如长虹卧江波,气势恢宏,形成庐山脚下一处独特的风景。三大孔钢梁的设计、制造与安装,开辟了我国大跨度钢桥建设的一个新起点。1990 年 7 月,正是九江

九江长江大桥三大拱

长江大桥钢梁架设安装最繁忙的时候,一位同行对九江长江大桥的三大拱设计方案提出质疑,认为存在严重技术问题,建议大桥停止施工。此事非同小可,关系重大,从而引发了历时半年之久、震动中国桥梁界的"京都大辩论"。作为九江长江大桥钢梁总设计师的方秦汉,不得不一次次赶赴北京,在有关部门组织的专家会议上进行一次又一次的长篇答辩。这场围绕着九江长江大桥设计方案的长达半年的大辩论,实质上是围绕着桥梁结构体系设计创新与否的辩论。真理不辩不明,经过高层次专家们反复研究论证,最终得出的权威性结论是:九江长江大桥是安全的。两年后,九江长江大桥钢梁顺利合龙,并一举取得12项国内外领先的技术突破。

驰骋钢桥设计建造65年,方秦汉院士在业界还有一个"钢霸"的雅号,这个雅号形象地反映了他科学严谨的工作态度和钢桥权威的职业性格特点。方院士是我国钢桥设计领域的著名专家,在涉及桥梁技术的问题上,始终求真求实、严谨认真、从不含糊。不管对方是谁,如果不尊重科学不按规矩办事,他是一点也不客气,一点面子也不讲,这种在工作上雷厉风行严谨求实的科学态度,久而久之就让他得了"钢霸"这个雅号。其实,方院士外表清瘦儒雅,温润如玉,平时说话温声细语,是一位和蔼可亲的谦谦学者,特别是对我们这些业界晚辈很是包容和提携,没有半点大专家的架子。记得我最初被引荐拜访认识方院士时,是 20 世纪 90 年代我担任《钢结构》杂志主编的时候,我因久仰他的大名而言行拘谨,方老师几句话就让我彻底放松下来。从此以后,方院士在我心里就是一位可敬可亲的长辈学者,在工作上给了我特别大的指导和帮助,让我受益终身。方院士是《钢结构》杂志的资深编委,只要我们提出请他帮忙,他无论多忙都会耐心细致地帮我们解决问题,对我做的杂志报道策划进行指导,还抽空为年轻科技人员审阅有关钢桥的科技论文并提出修改建议,提携扶持年轻科技工作者,完全看不到一点"钢霸"的威严气势。

《科技日报》原总编辑张飙先生曾为方秦汉院士填写过一首《鹧鸪天》,可以说是方秦汉院士桥梁生涯的真实写照:"一生与桥共沧桑,桥桥手塑锁大江。千慧入桥成钢霸,万情融桥写华章。秦桥拱,汉桥昂,今桥等闲万丈长。方将我魂化桥魂,心桥如虹飞巨梁。"

如今,九江长江大桥既是我国南北交通的大动脉,又是九江最引人注目的旅游景点。九江作为一座有着悠久历史的文化名城,古往今来都是人们登庐山观光旅游的必经之城,无数文人墨客由此登上庐山,写下了大量气势磅礴的诗篇。而九江长江大桥,也是以方秦汉院士为代表的桥梁人用钢铁与汗水为这座城市写下的一首壮丽诗篇。

杭州湾跨海大桥：
长龙卧波谋腾飞

被称为中国十大最美公路之一的杭州湾跨海大桥,在平面上呈S形蜿蜒,跨越杭州湾,犹如一条生动飘逸的优美彩带,将杭州湾南岸的宁波慈溪和北岸的嘉兴平湖连接起来。大桥全长36千米,由北航道桥、南航道桥、引桥及海中平台组成,于2003年奠基建设,2007年工程合龙全线贯通,2008年通车运营。为庆祝杭州湾跨海大桥建成通车,中国邮政于2009年6月18日,发行了一套《杭州湾跨海大桥》特种邮票,共1套2枚,邮票上的图案分别为大桥雄姿和海中平台,面值均为1.20元。

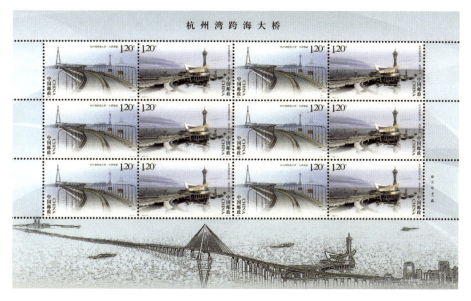

特种邮票《杭州湾跨海大桥》

杭州湾跨海大桥是一座由我国自行设计、自行投资、自行建造、自行管理的特大型跨海大桥,是我国跨海大桥建设史上的一个重要里程碑。它既是连接沪、杭、宁三地的重要交通基础设施,也是一条景观公路。杭州湾跨海大桥在设计中首次引入了景观设计的概念,集交通、观光于一体,在建筑理念上也很好地融汇了浙江、上海、江苏的吴越文化观念。在桥型上,设计者借助了西湖苏堤的设计理念，兼顾杭州湾水文环境特点。在设计中引入了长龙卧波的设计理念，同时提取"钱塘十景"之一的苏堤的元素符号，从风格上对苏堤进行继承和发扬，使苏堤的曲线美在平、纵线形上都得到了体现、放大，并有所延伸。再结合行车时司机和乘客的心理因素，将整座大桥在平面上设计成 S 形的曲线，既是出于大桥安全性的考虑，也为钱塘奇潮及水上航运留出了通道。而且，优美、活泼的桥型让司机和乘客在行车、坐车时拥有愉悦的心情，不容易造成视觉疲劳。大桥的护栏被涂成彩虹 7 色，每种颜色覆盖 5 千米，自嘉兴海盐到慈溪分别为红、橙、黄、绿、青、蓝、紫，非常漂亮。在蓝天碧水的映衬下，杭州湾跨海大桥犹如一道长虹横跨杭州湾南北，桥体修长秀美，宁静之中孕育着活跃升腾的力量。

南、北通航孔桥是杭州湾跨海大桥的两个设计重点，其设计理念结合了当地"金三角"的文化内涵。北通航孔桥采用钻石形

优美壮丽的杭州湾跨海大桥

双塔的组合方式，南通航孔桥采用 A 形单塔的组合方式，寓意大桥是杭州湾三角洲的"金边"，形成具有本土特色的"金三角"文化区，实现了桥型与周边地理环境的协调以及与当地历史文化的吻合。

  北航道桥为钻石形双塔双索面钢箱梁斜拉桥，半漂浮体系，五跨连续结构布置；索塔采用钻石形塔，桥面以上为三角形结构，桥面以下两塔柱收腿，整个塔呈钻石形，造型秀美稳固、气势昂然。南航道桥采用 A 形独塔双索面钢箱梁斜拉桥，三跨连续结构布置；索塔采用 A 形单塔，塔的 A 字造型类似于先秦古钱币，使得大桥视觉集中、结构舒展，与斜拉索相互依托，稳定感很强。两塔基础均采用钻孔桩及承台的整体基础，承台外周设防撞消能设施。两塔在总体风格上一致，产生一种遥相呼应的视觉感受，景观效果良好。

  海中平台"海天一洲"位于大桥的正中间位置，也就是距两岸约 18 千米处，外观造型如"大鹏擎珠"，寓意杭州湾地区的发展如大鹏展翅，越飞越高。在大桥建设期间，海中平台是用来做工程测量、应急救援和物资堆放的。大桥建成后，对

南航道桥，付晶华摄

海中平台进行了改造，变成了海中观景平台，它以白色和蓝色为主色调，外形就像一只展翅飞翔的雄鹰。海中观景平台分观光平台和观光塔两部分，观光平台一共有6层，提供餐饮住宿、休闲娱乐以及观光购物等服务；观光塔共16层，高145.6米，游客可以登上观光塔俯瞰大桥全景，远眺跨海大桥"长虹卧波"的优美身姿，领略大桥的气势恢宏、杭州湾的波澜壮阔。观光平台还设有大桥博物馆，记录着杭州湾跨海大桥"十年磨一剑"的点滴细节。

如果在岸上观看大桥景色，从北岸观赏大桥时，观景点比较多，又距大桥北航道桥比较近，所以观桥效果相对比南岸好。北岸海岸线为凹字形，沿海岸线都可以获得较好的观赏效果。行车在桥上时，雄伟秀丽的桥塔、美丽的海中平台、蜿蜒起伏形态优美的路面以及桥下波涛汹涌的海水，交织在一起形成一种特别梦幻的感觉，具有无穷的魅力，让很多游客慕名而来，一睹大桥美景。杭州湾跨海大桥已经成为杭州湾上一道令人叹为观止的亮丽

海中平台"海天一洲"

从中南走向国际舞台

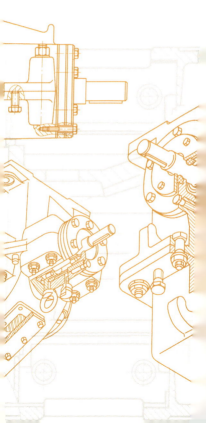

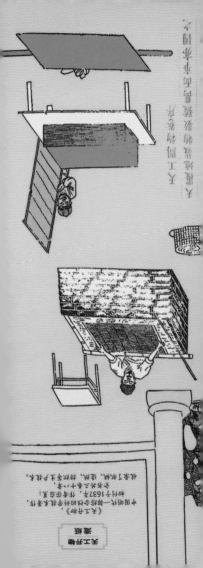

风景线。

杭州湾是世界三大强潮海湾之一,具有特殊的喇叭形构造和特定的地理位置,受水文、气象、地质等环境的影响较大,多滩涂且存在浅层气,钱江潮奇观世界闻名。"滔天浊浪排空来,翻江倒海山为摧。"这是古人对千古奇观钱江潮的惊叹。要在杭州湾上建桥,面临着各方面的重重困难。复杂的建设条件给大桥

杭州湾大桥位置示意图

建设带来了种种困难和技术难题,如海洋环境下的结构耐久性、强潮急流条件下的架梁、宽滩涂下的主梁运架等,都需要通过技术创新来解决。大桥建设取得了以九大核心技术为代表的自主创新成果,攻克了在强潮海湾建设跨海大桥的技术难题,多项具有自主知识产权的技术创新成果填补了国内空白,多项研究成果达到了国际领先水平和国际先进水平,是我国海湾桥梁建设的里程碑,其设计理念和科技成果已在青岛海湾大桥、舟山金塘大桥、

江苏常熟黄海大桥等一大批跨海大桥中有所应用。杭州湾跨海大桥先后荣获浙江省科技进步二等奖、中国建设工程鲁班奖、中国土木工程詹天佑奖、国家优质投资项目奖和 FIDIC（国际咨询工程师联合会）优秀项目奖等奖项，入选全国土木工程建设行业"百年百项杰出土木工程""改革开放 35 年百项经典暨精品工程"等荣誉名单。

　　杭州湾跨海大桥建成后，被杭州湾分割的长江三角洲南北两岸的十多个城市连成一片，形成世界级大城市群，大大加强了浙江与上海的联系。一座大桥撬动了一个经济圈，改变了长三角的交通格局，让杭州湾新区这个昔日遍地滩涂的交通末梢，成为千亿级产业集聚的投资高地。由此可见，建设大桥的经济意义和战略意义非同一般。

31

湘西矮寨大桥：
挂在天上的桥

遇到这座桥,才真切地感觉到我们平时熟悉的那些桥似乎都渺小了……

在湘西武陵山脉的崇山峻岭中,山高坡陡,奇石林立,森林茂密,有一座"挂在天上"的桥,凌空飞架于德夯大峡谷之上,打通了湘西到西南的通道,让天堑变成了通途。这座桥创下了四个"世界第一",被美国 CNN 推荐为"世界十大非去不可的新地标",被写入湘教版的中学地理教材,成了"百年路桥奇观,千年苗寨风情,万年峡谷风光"的湘西旅游的世界级名片。这座举世闻名的大桥,名字叫矮寨大桥。因此,去湘西旅行,不能不去看矮寨大桥。

矮寨大桥位于湖南湘西土家族苗族自治州吉首市矮寨镇上空 330 米处,是包头－茂名高速公路(国家高速 G65)的关键控制性工程,是一座跨越深山峡谷的大桥。矮寨大桥西起坡头隧道,

如梦如幻的矮寨大桥

横跨德夯大峡谷，东至矮寨三号隧道，落差达 400 多米，大桥全长 1779 米，桥面为双向四车道高速公路。大桥于 2007 年 10 月 28 日动工兴建，2011 年 8 月 20 日完成主桥合龙工程，2012 年 3 月 31 日通车运营，并举行通车仪式。桥梁与两岸隧道相连，一跨飞越峡谷，气势恢宏，浑然天成。

"德夯"在苗语中是"美丽的大峡谷"的意思，德夯河流经谷底，景色迷人，但它的交通却十分困难。这里地势险峻，高山深谷重重叠叠，《湖南省志·交通志》中将此地形容为："千山万壑，群峰壁立，险峻崎岖，羊肠土路，绕溪越岭，时上时下，回绝人寰，登涉艰难……"，是名副其实的矮寨天险。在矮寨大桥和 G65 建成之前，这里就是湖南西部连接重庆的国道湘川公路的主干道。此国道横贯湘西全境，尽管道路在崇山峻岭中盘旋辗转，惊险程度超出人们想象，但车流量很大，路况复杂，经常发生堵车现象。被称为"矮寨公路奇观"的矮寨盘山公路就在这里，是世界上最危险、驾车难度最高的公路之一，这条盘山而上的公路仅长 6.25 千米，却修筑在水平距离不足 100 米、垂直落差达 440 米、坡度为 70 度 ~90 度的山坡上。道路从山脚下沿着断崖峭壁盘绕而上，有 13 个举世闻名的连续的"之"字形急转弯，形成了 13 个"发夹弯"，因为这些转弯看起来就如发夹一般，路面仿佛上下重叠，山坡陡峭险峻且山路狭窄，蜿蜒曲折惊心动魄，对每一位司机来说都是巨大的挑战。据史料记载，为修筑这段 6.25 千米的公路，当年 2000 多位建设者栉风沐雨奋战了整整 7 个月，200 多人长眠于此，付出了生命的代价。为纪念为修路献出生命的殉职筑路人，当年在此塑立了一尊"开路先锋"的铜像以表铭记。在抗日战争时期，这条公路作为衔接粤汉铁路、湘桂铁路通向西南大后方的唯一通道,承担了重要的历史使命。

从前科技不发达的时候,山区修路,若是遇上高山峡谷,则只能望山兴叹、辗转绕行。如今随着科技的迅猛发展,隧桥工程技术已经高度发达,在山区修建公路和铁路已经不像从前那么困难,已经能够做到遇山开山(隧道)、遇河(谷)架桥。随着我国经济的不断发展和国家公路网及铁路网在中西部地区的延伸和覆盖,一条条贯穿西部山区崇山峻岭的高速公路陆续建成通

矮寨大桥与位于桥下的
矮寨盘山公路相映成趣

车,一座座雄伟壮观、造型各异的桥梁也随之腾空架起,而矮寨大桥就是其中一座在深山中跨越深沟峡谷的特大悬索桥,也是世界上跨峡谷长度最大的钢桁梁悬索桥。2012年3月,矮寨大桥建成通车,作为国家8条西部高速公路大通道之一的湘渝高速全线贯通。一桥飞架东西,天堑变通途,以前从长沙开车到重庆,经常需要近20小时,从此全程只需8小时。

矮寨大桥是一座全线长 1779 米的双塔单跨加劲钢桁梁悬索桥。大桥主跨跨径 1176 米，加劲钢桁梁全长 1000.5 米，桥面是工字梁与预制混凝土桥面板相组合，桥面宽度为 24.5 米，双向 4 车道，桥面距峡谷底部的高度达 355 米，桥梁两头分别连接矮寨隧道和坡头隧道。两座桥塔都是门式框架结构，塔顶端采用当地民族吉祥物的牛头图案，分别立于两岸山头上，茶洞岸索塔下是矮寨隧道，吉首岸和茶洞岸的塔高分别为 129.5 米和 61.9 米。通透的钢桁梁被漆成红色，全长 1000.5 米，梁宽 27 米，高 7.5 米，由 71 对吊索吊在主缆上，与两山矗立的桥塔、弧形的悬索相互呼应又浑然一体，使得矮寨大桥看起来像一座"天桥"挂在山峦之上。云雾缭绕之中，红色的桥身，白色的桥塔和缆索，川流不息的车辆从一端悬崖驶出，飞速掠过大桥，消失于另一头的绝壁，犹如在云端上行驶，仿佛一幅亦真亦幻的巨大画卷。开车到天边，大概就是这样的感觉吧。

矮寨大桥所在的德夯大峡谷，是两岸陡峭的 V 形深谷，谷深达 440 多米，谷宽 1.3 千米至 3.5 千米不等，两岸为悬崖绝壁。因为无法在深峡谷中设置桥墩，矮寨大桥需要采用单跨桥梁结构来跨越 1000 多米宽的峡谷。而对于跨越宽度达千米以上的跨距来说，悬索桥一般会成为最佳方案。

悬索桥，又名吊桥，通俗地说就是通过索塔悬挂并锚固于两岸的缆索，把主桥梁吊起来，桥梁受外力后主要由索塔来承担，同时在索塔塔架中形成向下的压力，承受拉力的缆索是悬索桥的主要承重构件。悬索桥是 19 世纪初被发明的一种桥梁，比较适用于大跨度及特大跨度的公路桥，当今世界上大多数大跨度桥梁都采用这种结构形式，可以说是大跨度桥梁的主要形式。

屹立在众山之巅的大桥雄姿,陈丽欣摄

悬索桥的历史是古老的,现代悬索桥是受早期的藤竹索桥的启发发明出来的。据史料记载,世界上最早有悬索桥雏形的国家是中国,中国最早有历史记载的竹索桥是公元前200多年的安澜索桥。山区盛产竹子,利用它绞成竹索,牵于两岸搭桥通行是经济实用的方案。我国西南部的山区在过去修建了很多形式多样的竹索桥和铁索桥,著名的大渡河上由9条铁链组成的泸定桥是在1706年建成的。而早期的悬索桥大概在17世纪传到西方,西方的桥梁工程师过去曾到中国来借鉴悬索桥的形式和经验。可见,中国古代的悬索桥是独创发明并领先世界的。

说回到矮寨大桥,矮寨大桥就是一座特大型悬索桥,主桥加劲梁采用的是便于构件运输的钢桁架梁,而且在通透的钢桁架梁中设置了一条供游客使用的观光通道。由于地势险要,桥面到峡谷底部高差达355米,两岸是悬崖峭壁,索塔位置距悬崖边缘

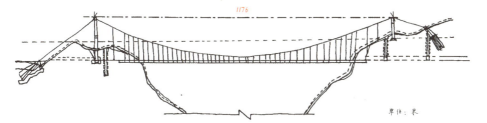

矮寨大桥桥型示意图

仅 70~100 米，在矮寨大桥建设过程中，一开始就面对着一系列的世界级技术难题。例如：场地地质复杂，索塔处存在岩溶、裂隙等不良地质现象；峡谷气象多变且风大，严重影响施工测量和主缆架设；主缆及钢桁梁要在 300~400 米高空架设，单件吊装最大重量达 120 吨，吊装难度很大；土建工程运量很大，山区交通条件差，钢材、水泥、砂石等材料运输困难。

矮寨大桥钢桁梁

面对这些难题,大桥的建设者们迎难而上,在设计、施工以及管理上进行创新,开展了矮寨悬索桥关键技术研究,解决了设计与施工过程中遇到的诸多技术难题,取得了一系列创新性成果,形成了适用于山区大跨径悬索桥建设的成套技术,确保了大桥的工程质量和施工进度,使矮寨大桥的建成创造了四个世界第一!

白色桥塔高高耸立在山顶。陈丽欣摄

第一,矮寨大桥是世界上跨径最大的跨峡谷钢桁梁悬索桥,主跨 1176 米,创跨峡谷悬索桥世界第一。

第二,结合两岸地形、地质等因素,大桥设计首次采用了塔、梁完全分离的悬索桥结构设计方案,创世界第一。一般悬索桥设计中,索塔与桥梁相接,但矮寨大桥位于数百米深的深峡谷,索塔位置距悬崖边缘仅 70~100 米,地形比较特殊。使用塔、梁分离式新结构可以最大限度减少对山体的开挖,实施方案是将钢桁梁下移约 50 米,将长 1000.5 米的加劲钢桁梁两端支承于两岸岩体上,吉首岸加劲梁,梁端距离桥塔 95 米,茶洞岸梁端距离桥塔 109.5 米。采用桥隧相连的形式让桥梁直接与两端隧道相接,既缩短了钢桁梁长度,节省投资,又保护了环境,还有效降低了两岸路线高度,实现了桥梁结构与环境的完美融合。

第三,大桥桥梁是世界上首次采用"柔性轨索滑移法"的新工法架设的钢桁梁,这是为矮寨大桥施工创新发明的工法,被称为桥梁建设的"高速列车",创世界第一。由于桥位地处深山峡

大桥缆索,张林霞摄

谷，施工场地受限且有环保要求，常规的悬索桥架设方法难以实施，其架设也必须选择适于场地要求的拼装方法。大桥建设者受空中客车技术及林业运输索道的启发，提出了柔性轨索滑移法架设加劲梁的新工艺，解决了山岭峡谷大跨度悬索桥加劲梁架设的难题，是一种全新的悬索桥架设工艺。大桥采用该工法架设加劲梁，安全可靠，架梁速度快，仅用 85 天就完成了全桥 69 个节段的加劲梁架设任务，为同类型桥梁提供了一种安全、经济、高效的施工方法。

第四，这是首次在悬索桥上使用大型岩锚吊索，并采用碳纤维作为预应力筋材，创世界第一。常规岩锚索预应力筋材采用钢绞线，矮寨大桥在研究试验后采用了高性能的碳纤维作为预应力筋材，与传统钢绞线相比，碳纤维材料具有重量轻、强度高、耐腐蚀的特点，为桥梁的安全提供充分的保障。

矮寨大桥在桥型结构、高性能材料应用、施工工艺等方面取得了一系列创新技术成果，因此荣获了中国建设工程鲁班奖。

矮寨大桥桥梁上设有观光通道及观光平台，壮观的峡谷景色一览无余，游客可以乘坐观光电梯登上桥面，近距离感受和欣赏大桥雄姿，而大桥的下方，就是"公路奇观"矮寨盘山公路所在。站在桥上放眼望去，远方是层层叠叠的山峦，俯瞰桥下是幽深莫测的峡谷及蜿蜒曲折的盘山公路，青山绿水中有梯田和村落散落其间，壮美的景色令人叹为观止，美不胜收。按原型重塑的"开路先锋"铜像，被移置在矮寨大桥桥头山崖上。观光通道上还设有玻璃栈道，走在上面，惊险又刺激。

路桥相通，连接世界。德夯大峡谷本来就是湖南省集自然山水风光、苗族风情为一体的国家重点风景名胜区。矮寨大桥建成通车后，矮寨天险即成历史，湘西成为往返湘渝的"驿站"，也成为打通大西南的一个旅游集散中心，矮寨大桥本身也成为当地的现代公路奇观和著名旅游景点。作为一个集自然风光和景观公路于一体的旅游景区，其旅游名片的打造应该是把作为基础设施的路与景观、旅游、文化完美结合起来并推广出去，吸引世界各地的旅游者。游客除了可以很好地领略沿途的风景：峡谷、桥梁、青山绿水、古村落等，还可以细品自然与文化以及现代科学技术的有机融合，感受从中映射出的文化现象。作为文创产业的旅游文化其实是文化和自然风光的融合发展，文化有多厚，融合就有多深。这个需要人们细细品味挖掘，才能把深厚的文化积淀在旅游产业中发扬光大。

32

港珠澳大桥：
伶仃洋筑梦宏图

近几年,随着电影《厉害了,我的国》和纪录片《港珠澳大桥》的热播,港珠澳大桥已经在全国民众中耳熟能详,那一望无际的海面上,波澜壮阔、气势磅礴的大桥景观震撼着所有人的心灵。在为祖国经济实力和科技发展自豪并欢欣鼓舞的同时,亲自去港珠澳大桥看一看的愿望,已经在很多人的心中悄悄萌生。

港珠澳大桥(Hong Kong-Zhuhai-Macao Bridge)是中国境内一座连接中国香港特别行政区、广东珠海和中国澳门特别行政区的桥隧工程,是"一国两制"框架下,粤港澳三地首次合作共建的超大型跨海陆路通道,由三地口岸、三地连接线和海中桥隧主体工程三部分组成,东起中国香港国际机场,横跨伶仃洋海域,西接珠海和中国澳门特别行政区。在一望无际的海面上腾空而起的港珠澳大桥,宛如一条巨龙横卧在伶仃洋的碧波之上,一桥飞架三地,将三地的历史、现在和未来连接起来。港珠澳大桥

世界奇迹港珠澳大桥雄姿

是世界上最长的跨海大桥，大桥的建成，使得港珠澳三地之间的路程一下子缩短到半个小时。大桥于 2003 年 8 月启动前期工作，2009 年 12 月开工建设，2018 年 10 月开通营运。大桥的建设过程是中国建设者挑战极限、创造奇迹的过程，十五年磨一剑，谱写了一部恢宏的桥梁建设画卷，因其超大的建筑规模、空前的建设难度和顶尖的建造技术而闻名世界，创造了世界桥梁史上的又一个世纪奇迹。

说起伶仃洋海域，很多人可能会有些茫然，但是，宋代诗人、民族英雄文天祥的诗《过零丁洋》，却是人尽皆知、耳熟能详的："惶恐滩头说惶恐，零丁洋里叹零丁。人生自古谁无死？留取丹心照汗青。"诗中的零丁洋也叫伶仃洋，就是港珠澳大桥所在的海域。南宋末年，作为南宋丞相的文天祥兵败广东被俘，被押送经过伶仃洋海域时留下了这首千古传诵的著名诗作，激励了后世众多为理想而奋斗的仁人志士。那时的伶仃洋，险且阻长，几乎就是难以跨越的艰难险阻。当年让文天祥发出千古感叹的伶仃洋，如今已经是世界上最繁忙的航道之一，要在这里建起一座跨海大桥，可知其复杂程度和技术难度。

港珠澳大桥并不是一座桥，而是由三座通航桥、一条海底隧道、四座人工岛、深浅水区非通航孔连续梁式桥和港珠澳三地陆路连线组成的大型跨海通道。大桥全长 55 千米，其中海中桥梁和海底隧道主体工程长约 29.6 千米，东自粤港分界线，经香港水域，向西依次经过珠江口铜鼓航道、伶仃西航道、青州航道、九洲航道，经珠海拱北湾东南部，止于珠澳口岸人工岛。大桥采用桥、岛、隧道组合结构，包含 22.9 千米的海中桥梁工程和 6.7 千米的海底隧道（隧道东、西人工岛各长 625 米）。海中桥梁工程包括青州航道桥、江海直达船航道桥、九洲航道桥三座通航孔桥及其约 20 千米非通航孔桥。大桥共设桥墩 224 座，桥塔 7 座，桥梁宽度达 33.1 米。其中，三座通航桥均为钢结构斜拉桥，深浅水区非通航孔连续梁式桥分别位于近香港水域与近珠海水域之中。三地口岸及其人工岛位于两端引桥附近，通过连接线接驳周边主要公路。大桥设计使用寿命 120 年，可抵御 8 级地震、16 级台风、30 万吨撞击以及珠江口 300 年一遇的洪潮。

港珠澳大桥主体工程之所以采用桥、岛、隧道的组合结构，是为了实现苛刻的"水陆空立体交通线互不干扰、10% 低阻水率和环境保护"要求，涉及中华白海豚保护、防洪防台风和满足海上通航、航空限高等复杂建设条件。要知道桥梁建设的内容不仅仅是科学和技术，更是包括实用、经济、美观和环境保护等多

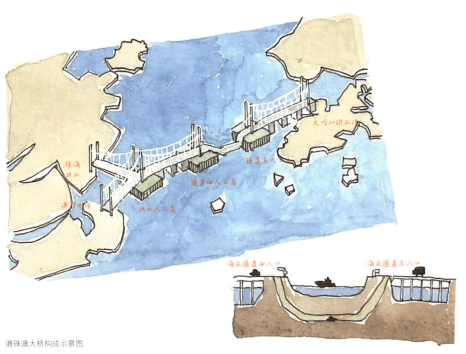

港珠澳大桥构成示意图

个方面。港珠澳大桥采用的是"工厂化、大型化、标准化、装配化"的先进设计建设理念，建设过程中采用了大量的新材料、新技术、新工艺、新设备，建桥过程采用了整体制造和吊装的施工方案，以适应工程复杂的建设条件，减少现场工作量及海中作业时间，保护海洋生物和海洋环境，保证施工安全和航运安全，并确保工程质量。

新中国成立后，我国桥梁建设70多年的发展先后经历了5个发展阶段。首先是学会建成的阶段，这一阶段就是新中国成立后的头10年，1957年建成的第一座大桥武汉长江大桥就是这一阶段的代表作，从此拉开了我国桥梁建设的序幕。然后进入自力更生、奋发图强的发展阶段，这一阶段最著名的代表桥梁就是南京长江大桥，这是第一座完全由我国自行设计和建造的特大型公铁两用桥，开创了我国自行设计建设大型现代化桥梁的新时代。第三阶段是改革开放以后学习融入市场的20年，这一阶段我国桥梁建设工程技术取得了创新性的飞跃发展。进入21世纪后，我国桥梁建设就进入了追赶世界先进水平的快速发展阶段，从2000年到2010年的10年，我国桥梁技术得到了跨越性的发展，一大批具有国际先进水平的大型桥梁拔地而起，其中不乏世界顶级桥梁。可以说是厚积薄发，完成凤凰涅槃，一举迈入了桥梁大国的行列。最后是自2011年后的10年，随着一座座具有世界先进水平的桥梁陆续建成，被称为"基建狂魔"的中国在桥梁建设方面的水平已经领先世界，实现了从桥梁大国到桥梁强国的跨越。港珠澳大桥的建成，就是这一阶段取得的最辉煌的成果，它不仅代表了中国桥梁先进的建造水平，更是中国综合国力的体现，也是中国精神的体现。

港珠澳大桥"工厂化、大型化、标准化、装配化"的建设过程，是对传统建桥方式的革新，是先进的现代化制造水平的体现，也是中国过去几十年建桥技术的积累，引领了中国桥梁及工程建设领域的发展。大桥的桥塔都是在工厂整体制造，在现场进行吊装施工安装；大桥的桥身和桥墩也是在工厂分节段预制、现场安装，并为此配套研发了预制墩身连接技术及连接用的新型预应力螺纹粗钢筋；除了通航孔桥的承台是现浇以外，所有非通航孔桥都采用了预制承台。大桥主体工程规模宏大，技术的复杂程度、施工难度之高，都是世界罕见，同时这也是在重新定义中国制造未来的方向。

斜拉桥是"二战"以后发展最快的现代桥梁形式，它的特点是跨越能力强、造型丰富优美、抗风性能好，同时还有结构简单、施工便捷、经济效益好等优点，适用于大中小各种跨距的桥梁，因此成为大型桥梁特别是跨海大桥的优选桥型之一。港珠澳大桥主桥的三座通航孔桥全部采用钢结构斜拉桥，而且充分利用了斜拉桥造型变化丰富多样的优点，使大桥在造型上富于变化而不单调。大桥全线呈 S 形曲线，桥墩的轴线方向和水流的流向大致相平，既能缓解司机驾驶疲劳，又能降低桥墩阻水率。大桥水上和水下部分的高差近 100 米，既有横向曲线波动又有纵向高低起伏，整体观感犹如一条随风起舞的丝带一样纤细轻盈，又似长虹卧波，把多个节点串联起来，寓意"珠联璧合"。整座桥造型轻盈优美，三座通航孔桥桥塔的造型既有统一的主题元素，又各具特色，与当地自然生态景观浑然天成，在水天一色之中形成一道绚丽的风景线。因此，开车在桥上行驶，颇有一种在天边开车的感觉。

三座通航孔桥中,最靠东边的青州航道桥是一座主跨458米、双塔空间索面布置的钢箱梁斜拉桥,桥全长930米,设有一个通航孔。索塔采用"H"形钢筋混凝土框架结构,塔高163米,造型设计在理念上吸收了"中国结"的文化元素,塔上端的"中国结"造型,寓意中国人面向世界的胸怀和同心永结的心愿,也使桥塔显得纤巧灵动、精致优雅;斜拉索采用空间双索面扇形形式布置,共设有112根斜拉索。

青州航道桥中国结双塔

　　江海直达船航道桥则是一座中央平行单索面三塔钢箱梁斜拉桥,两个主跨均为258米,桥塔也是钢结构的,钢塔采用海豚造型,中塔高109.7米,边塔高108.5米,结构形式复杂,造型元素取自中华白海豚,与海豚保护区的海洋文化相结合。斜拉索采用竖琴式中央单索面布置,大桥设有两个通航孔。

九洲航道桥则采用双塔中央单索面布置,是一座钢混组合梁5跨连续斜拉桥,主跨268米;钢结构主塔塔高136.19米,主塔造型设计成"帆"形,寓意"扬帆起航",造型优美、亲和力强,与江海直达船航道索塔的海豚造型相呼应,在景观上具有强烈的地标韵味。大桥设有一个通航孔。

另外还有约20千米的非通航孔桥。全桥基础采用大直径钢管复合群桩,通航孔桥采用现浇承台,非通航孔桥采用预制承台,全桥桥墩采用预制墩身。

总长为6.7千米的海底沉管隧道位于香港大屿山岛与青州航道桥之间,建设在海平面以下40米深处,埋深覆盖22米,是世界上最长且埋深最大的沉管隧道。隧道两头由东、西两个人工岛(蓝海豚岛和白海豚岛)与桥连接,这两个人工岛既是水上桥梁与水下隧道的衔接部分,也是港珠澳大桥的重点配套工程。其

"中华白海豚"造型
江海直达船航道桥

中，东人工岛为长 625 米、宽 225 米的椭圆形岛，岛面积 10.3 公顷，岛上建筑面积 2.5 公顷，承担着养护救援功能和旅游服务功能，岛上建有旅游观光环岛步道。西人工岛面积稍小也为椭圆形岛，岛长 625 米，宽 185 米，总面积为 9.8 公顷，建筑面积约 1.8 公顷，以管理功能为主，设运营、养护以及救援站。东、西人工岛在建筑设计上采用"蚝贝"元素，寓意"伶仃双贝"，熠熠生辉，建筑顶部均设置有中央通风口，以保持隧道内空气畅通。

港珠澳大桥是中国迈向桥梁强国的里程碑项目，它的建设创下了多项世界之最，体现了我国综合国力和自主创新能力，也体现了勇创世界一流的民族志气。整个工程研究项目一共有 300 多个，涉及 100 多家科研单位，1000 多名科研人员，申报知识

"扬帆起航"九洲航道桥

产权和专利的有 1000 多项。大桥建设成功的背后是国家改革开放 40 多年来,各行各业综合科技水平发展到一定程度后的厚积薄发,是各行各业集大成的成果,代表了国家整体科技水平的进步。这一世纪"超级工程"已成为中国新的地标性建筑,被业界誉为桥梁界的"珠穆朗玛峰",被英媒《卫报》称为"新世界七大奇迹"之一。

港珠澳大桥的建成通车,极大地缩短了香港、珠海和澳门三地间的通行距离。如果是从实用的角度而言,港珠澳大桥最大的意义就是桥,桥在中国现代史上最大的作用就是联通。被港珠澳大桥连接起来的不仅仅是珠海、澳门和香港,也不仅仅是人群和地域,还有中国的昨天、今天和未来。

寓意"伶仃双贝"的东、西人工岛

附录 本书涉及的桥梁建筑名词释义

1）拱桥：指以拱作为结构主要承重构件的桥梁，是一种常见的桥梁形式。拱桥分单孔拱桥与多孔拱桥，且多孔拱桥的拱数以奇数为多、偶数较少。拱桥造型优美，是广受人们喜爱的桥梁形式。因拱桥是以承压为主的结构，多用砖、石、混凝土等抗压性能良好的材料建造。古代桥梁中以石拱桥为主要桥型。

2）拱券：一种建筑结构，指桥梁、门窗等建筑物上筑成弧形的部分。它在竖向承重时有良好的力学特性，同时还起着装饰美化的作用。不同建筑类型的拱券在形式上略有变化。

3）跨径：泛指结构或构件支承间的水平距离。在桥梁中，单孔跨径指桥跨结构相邻支座中心间的距离，也叫标准跨径。对于拱桥来说，跨径是指拱跨的两个拱脚截面最低点之间的水平距离。总跨径则指各孔净跨径之和。

4）梁式桥（梁桥）：指用梁或桁架梁作主要承重结构的桥梁，是一种最简单常用的桥梁形式。梁式桥一般分为简支梁桥、连续梁桥和悬臂梁桥等，制造和架设都比较方便，应用广泛，在桥梁建筑中占有很大比例。

5）悬索桥：又名吊桥，是桥梁的一种结构形式，通过索塔悬挂并锚固于两岸的悬索，把主桥梁吊起来，由悬索、索塔、锚碇、吊杆、桥面系等部分组成，其主要承重构件是悬索，它主要承受拉力，一般用抗拉强度高的钢材（钢丝、钢缆等）制作，具有用料省、自重轻的特点，因此跨越能力很大。现代悬索桥适用范围以大跨度及特大跨度公路桥为主，是大跨径桥梁的主要形式。

6）斜拉桥：将主梁用若干根斜拉索直接拉在索塔上的一种桥梁形式，斜拉桥主要由索塔、主梁、斜拉索三部分组成，主梁除了支承在墩台上外，还支承在斜拉索上。斜拉桥跨越能力大，造型美观，是大跨度桥梁的主要桥型，也是所有桥型中受力最为复杂的一种结构。

7）廊桥：一种在桥面上盖有廊屋的桥，结构类型多种多样，有保护桥梁，遮阳避雨，供人休憩、社交、看风景等用途。

8）开合式桥（启闭桥）：桥梁上部结构可根据需要进行移动，是一种便于河中过往船舶通过的特殊桥梁。根据开合方式的不同，开合式桥可分为竖旋桥、平旋桥、升降桥和回缩桥。

9）桥梁上部结构、下部结构：一般桥梁由上部结构、下部结构、支座系统和附属设施四个基本部分组成。上部结构又称为桥跨结构，指的是桥梁支座以上跨越阻碍的主要结构，主要由主梁、桥面系和支座三部分组成，作用是跨越阻碍；下部结构包括桥墩、桥台和基础，起支撑作用；支座系统为在桥跨结构与桥墩或桥台的支承处所设置的传力装置；附属设施则指桥头搭板、锥形护坡、护岸等。

按桥面置于上部结构的位置区分，桥梁上部结构又可分为上承式、下承式（穿式或半穿式）和中承式。上承式、下承式和中承式的桥面分别置于上部结构的顶部、底部和中间。按上部结构主梁的结构形式或主要承重构件特征区分，桥梁上部结构有板式梁、桁梁、拱券、刚架（构）和斜腿刚构、斜拉索、悬索等类型。

10）桥面系：指直接承受车辆、人群等荷载并将其传递给主要承重构件的桥面构造系统，包括桥面铺装、桥面板、纵梁、横梁、遮板、人行道等。一般采用纵横梁体系作为桥面系，其作用是承受由桥面传来的竖向和纵向的荷载，并传递给主桁节点。

11）钢箱梁：又叫钢板箱形梁，因外形像一个箱子，故叫钢箱梁，一般由顶板、底板、腹板、横隔板、纵隔板及加劲肋等通过全焊接的方式连接而成。钢箱梁是工程中常采用的主梁形式，一般用在跨度较大的桥梁上。

12）桁梁（桁架梁）：桥梁、建筑中广泛应用的一种结构形式，是由许多杆件（如型钢等）组成的一个整体的承重结构，是一种格构化的梁式结构，以其优良的抗弯性能和较强的变形协调能力广泛应用于大型桥梁。用桁架梁作为主要承重结构的梁式桥，被称为桁架梁桥或桁梁桥。

13）钢桁梁桥：主梁是由位于多个平面内的钢桁架连接形成的整体稳定结构，来承受荷载作用的空腹式受弯结构，由主桁、联结系和桥面系组成。按照桥面位置不同，可分为上承式钢桁桥梁、下承式钢桁梁桥。

14）联结系：钢桁梁的重要组成部分，其作用是与主桁架一起使桥跨结构成为稳定的空间结构，能承受各种横向荷载。纵向联结系分上、下部水平纵向联结系，其主要作用是承受作用于桥跨结构上的各种横向荷载；横向联结系位于桥跨结构的横向平面内，其作用是增强桥梁抗扭刚度，使各片主桁受力均匀。

15）桥台：位于桥梁两端、支承桥梁上部结构并和路堤相衔接的构筑物，一般由台帽、台身和基础组成，其功能除传递桥梁上部结构的荷载到基础外，还具有抵挡台后的填土压力、稳定桥头路基、使桥头线路和桥上线路可靠且平稳地连接的作用。桥台一般是石砌或混凝土结构。

16）桥墩：多跨桥的中间支承结构为桥墩，桥墩由顶帽、墩身组成，布置在两桥台之间，作用是支承桥跨结构。

17）气压沉箱法：一种水下施工工法，就是制造一个有顶无底的箱体沉到水下岩床上，箱顶装有井管和气闸，人和料具通过气闸出入室内，通过向箱内输入压缩空气排水，使人们可以在无水和高气压的室内进行水下挖土施工作业，待箱体下沉到预定的深度，最后在箱体内填充混凝土，形成沉箱基础。沉箱材料可用木、钢及钢筋混凝土。

18）行走滑轮：一种用于悬索桥高空编丝组缆施工的设备。利用行走滑轮将钢丝在高空从桥的一端拉向另一端，待所拉钢丝达到一定数量，即编扎成一根索股，最后再将这些索股按照设计数量和要求进行配置捆扎形成圆形的缆索。

19）模板：指施工时使结构筑成固定形状的模具。模板是将一种结构规律予以固定化、标准化的成果，它体现的是结构形式的标准化。

20）节点：是建筑结构系统的主要元素之一，将两个以上的结构构件连结起来的构件被称为结构节点。

参考文献

[1] 茅以升. 桥梁史话 [M]. 武汉：长江文艺出版社，2019.

[2] 任晓婷. 工业遗产中桥梁建筑的保护与更新研究 [D]. 长沙：长沙理工大学，2008.

[3] ICOMOS（国际古迹遗址理事会）. Context for World Heritage Bridges[R].1996.

[4] 沈歆昕. 布拉格查理大桥：巴洛克雕像露天博物馆 [J]. 城市地理，2019(1):82-87.

[5] 黄雄. 活态型桥梁遗产的内涵与价值研究 [D]. 武汉：华中科技大学，2013.

[6] 徐小娟. 广济桥史话及建筑文化特色 [J]. 城建档案，2011(6):14-19.

[7] 吴庆洲. 广济桥历代的建设 [J]. 岭南文史，1988(1):82-87.

[8] 马可·波罗. 马可·波罗游记：最有名的奇书 [M]. 大陆桥翻译社，译. 呼和浩特：远方出版社，2003.

[9] 茅以升. 中国古桥技术史 [M]. 北京：北京出版社，1986.

[10] 唐寰澄. 世界桥梁趣谈 [M]. 北京：北京出版社，2016.

[11] 刘起. 作为工业遗产的兰州黄河铁桥建筑研究 [D]. 西安：西安建筑科技大学，2008.

[12] 余启新. 桥的交响 [M]. 武汉：武汉出版社，2012.

[13] 文武松. 中国桥：新中国 70 年建桥故事 [M]. 武汉：长江少年儿童出版社，2019.

[14] 李亚东. 亚东桥话 [M]. 北京：人民交通出版社，2018.

[15] 方秦汉. 九江长江大桥双层吊索架悬臂架设钢梁 [J]. 铁道工程学报，1993(1):49-52.

[16] 王仁贵，孟凡超，王梓夫，等. 杭州湾跨海大桥总体设计 [J]. 公路，2006(9):1-7.

[17] 吴国光，陈国平，张永建. 矮寨大桥建设创新综述 [J]. 公路工程，2014(3):228-232.

[18] 孟凡超，刘明虎，吴伟胜，等. 港珠澳大桥设计理念及桥梁创新技术 [J]. 中国工程科学，2015(1):27-35.

[19] 苏权科，谢红兵. 港珠澳大桥钢结构桥梁建设综述 [J]. 中国公路学报，2016(12):1-9.

[20] 《港珠澳大桥》纪录片摄制组. 港珠澳大桥 [M]. 北京：新世界出版社，2018.

[21] 檀萃. 楚庭稗珠录 [M]. 广州：广东人民出版社，1982.

[22] 王勇，刘谦. 杭州湾跨海大桥总体景观设计 [J]. 公路，2006（9）：21-26.